# 経済学なんて教科書だけでわかるか！ボケ!!

…でも本当は知りたいかも。

さくら剛
Tsuyoshi Sakura

ダイヤモンド社

# まえがき

初めに言っておきますが、この本は、**バカバカしい本です。**

自慢じゃないですよ?

自慢じゃないですが、「経済の本」が今まで世界で100万種類発売されているとして、この本は、**バカバカしさでは100万冊中ダントツ1位**の自信があります。そして、「ページあたりの情報の多さ」では**100万冊中100万位**だという自信もあります(たしかに自慢じゃない)。

まあたしかに、この本にはバカバカしい例え話や脱線話が多い分、細かい経済用語などは出てきません。数式もグラフも登場しません。

でも、私は思うんです。

細かい経済用語……、**必要?**

だって、日本だけでも「初心者向けの経済の本」って何千冊も出てると思うんです。入門書だけで何千冊。そんなにたくさん入門書があるにもかかわらず、いまだに「日本一わかりやすい」とか「たった3時間でわかっちゃう」とか、新しい入門書は日々続々と発売されています。

つまるところ、**これだけ入門書が大量にあるのに、いまだにみんな全然経済に入門できていない**ということなんですよ。過去の入門書では誰も入門できなかったから、新しい入門書がまだこれでもかこれでもかと投入され続けているのです。多分。

まあ言ってみれば、経済の入門書なんて自己啓発本と一緒なんですよ(思い切った発言)。多くの人は、その本を読んだということで「ああ読み切った！　なんか勉強した気になったぞ！　自分、偉い！」という充足感だけを得て**中身は全部忘れる**んです。だから同じような入門書や自己啓発本が永久に新発売され続けるんですよ。まったく、なんてありがたい傾向なんだ……出版する側からしたら……。

結局、細かく書いたって忘れちゃうんですよ人は。入門書でざっと読んだことなんて。それならむしろ扱うトピックをなるべく絞り、少数精鋭の項目を、身近でバカバカしい例え話を使ってしつこく説明する。そして読者のみなさんが**「なんだこのバカバカしい例えは！　バカバカしいなっ！」**と思ってくれたなら、そのインパクトで記憶にも残るのではないか？　そんな方針のもとに私はこのふざけた本を書きました。

私は経済学の専門家ではなく、本職は「作家」です。この本は「もともとは経済の素人だったいち作家が、経済学を一生懸命勉強して書いた、初心者向けの経済の本」です。その点、大学の先生なんかが書く本と比べて、著者のステータス的に説得力に欠けるとは思います。

でも、少し前まで素人だったからこその強みもあるんです。それは、**「わからない人はなにがわからないのか」をよくわかっていること。**

他の本を読むとよくわかりますが、大学の先生って、素人のレベルが全然わかってないんですよ本当に。それもそのはず、偉い先生は自分が素人だった時代が何十年も前なわけですからね。思い出せないのも無理はありません。でもその点私は素人時代がついこの間なので、素人の基礎知識がいかに無《む》かをよく理解している。専門家の先生が「まあ一般常識としてこのくらいはみんな知ってるよね」と考える事柄を、**現実のみんなは九割九分知らない**ということをよくわかっている。だから書くことを、本当に知らない人の水準に合わせられます。

そして強みはもうひとつ。専門家でないからこそ、**なんでも書けちゃうの。**時には庶民的、時には変態的、時にはバカバカしい文章を誰にも遠慮せず書ける。

専門家の先生は変態的な文章なんて書けません。なぜならば、**書いたら職を失う恐れが**

**あるから。**もしどこかの研究者の先生がこの本を書いていたとしたら、「なんだあの下品な本は！　経済学の品位を傷つけやがって！　あんなやつは、追放だ!!」と、学会から追い出されてしまうかもしれません。

その点、私は大丈夫。追い出されません。だって、**もともと入ってないから(涙)。**もともとそこに入っていないし今後入るつもりもない。でも入口には近づいて、**ピンポンダッシュをして逃げて行く。**そんな厄介極まりない存在が私です。

ということで、そんな厄介者の本でも読んでみたいと思ってくださる懐の深い方は、ぜひこの先へお進みいただければと思います。

Contents

まえがき …… 002

01 序章 …… 009
まずは「サッカーもアイドルも経済も、すべてのジャンルはマニアが潰す！」という雑談。

02 「効用の最大化」と機会費用 …… 017
「セクシーＤＶＤ鑑賞時の機会費用」を合理的に考えてみる。

03 限界効用逓減の法則 …… 025
30年以上続く名作マンガ『ドラゴンボール』は、限界効用逓減の法則をどのように乗り越えたのか？

04 「お金」の働き …… 033
モーニング娘。さんを囲むヲタ活（オタク活動）から、「通貨の3つの働き」を学びましょう。

05 物価 …… 042
インドのぼったくりタクシーにも「神の見えざる手」は適用されるのか？

06 独占とはなにか …… 051
男女の婚活市場においても、「独占」は非常に害悪な行為です。

07 社会主義経済 …… 060
マルクスさん……毛さん金さんレーニンさん……、おまんら、国民の身勝手さをナメたらいかんぜよ!!

08 銀行と信用創造 …… 070
銀行のお仕事について、民泊と殺人事件を引き合いに出しつつお話しします。

09 日本銀行の役割 …… 081
偽札を使ってみた経験を赤裸々に書きますけど、絶対誰にも言わないでね!!

10 株と社債 …… 091
「株式の仕組み」が難しいと思ったら、「宝くじの仕組み」に置き換えてみればいいのです。

11 投資のすすめ …… 099
「これからは投資が必須の時代です！」という無責任な煽りが氾濫するこんな世の中で。

12 景気とＧＤＰ …… 111
地下アイドルとＪＫビジネスで学ぶＧＤＰ。
※良い子は読まないでね♪

13 GDPの裏側 …… 122
私は中国に個人的に多大な恨みがあります
恨めしや中国なんだコラ金返せムキャーーーーッ!!!

14 インフレーション …… 134
ゲスLINE画像が流出した丘根《おかね》くんの価値と、
インフレーションの仕組み。

15 ハイパーインフレ …… 144
そうあの時、まさにジンバブエを一人で旅していた、
私の悲しい体験記……(涙)。

16 デフレと財政赤字 …… 156
少年マンガでもしも「強さのインフレ」ではなく
「強さのデフレ」が起こったら?

17 財政赤字解消の手段 …… 167
この世の借金という借金を0にする方法、教えます。
多重債務者の方、必見!!

18 金融緩和 …… 176
景気対策シミュレーションその1
ドラゴンクエストの世界で金融緩和を実施してみよう!

19 財政出動 …… 187
景気対策シミュレーションその2
ドラゴンクエストの世界で財政出動を実施してみよう!

20 景気対策の現実とアベノミクス❶ …… 199
ー田N夫先生(仮名)に
バカだアホだと罵られそうなこの私。

21 景気対策の現実とアベノミクス❷ …… 209
正露丸を飲みながら浣腸し、
やっと蘇生した太郎の首を絞める現代社会に喝!

22 価格の相対性 …… 221
同じ値段なのにある時は高く、
ある時は安く感じてしまうすき焼き弁当とメイドカフェ。

23 お金とモラル …… 232
「デート代なんて男が出すの当たり前だし~~」
とか言ってる女性は、後のとてつもないリスクを覚悟せよ!

24 損失回避性と保有効果 …… 244
太郎くんを精神的に抹殺したかったら
この方法がいいよね(決してマネしないでください)。

25 消費と節約 …… 255
しもしも~? ジャンボ尾崎? 無駄遣いしてるー?

あとがき …… 267

01

# 序章

まずは「サッカーもアイドルも経済も、
すべてのジャンルはマニアが潰す！」という雑談。

「経済学」がそもそもいったいどういう学問なのか、あまりピンと来ないという方も多いかと思います。

そこでまず簡単に全体像から説明させていただくと、近代経済学はその着目点から「ミクロ経済学」と「マクロ経済学」の2分野に分かれます。ミクロ経済学ではベルトラン均衡と消費者余剰の関係など主に家計や企業といった最小単位の経済主体が構成する市場を研究し、マクロ経済学では消費者物価指数やGDPデフレーターを分析し国家単位の経済成長や持続可能な国際収支を……**ってちょっと待った!!　本を閉じるのちょっと待った!!　ま**

**だ早いよ!!　やめてあなたっ!!!**

もう……。まだ1ページしか読んでないじゃないのよ。まだ第1章が始まって2段落だよ？　**序章の2段落だよ？**　それしか読んでないのにみなさん、諦めムード出すの早くない？　せっかちねぇあなた、ダメよそんな短気な性格じゃあ……と思いきや、読み始めた本でも失敗とみれば即座に諦められるその思い切りのよさ、意外と損切り上手で株やFXなどの投資に向いているかも!!

まあ、わかりますよ。「おっ、経済の入門書だって？　入門書なら俺でも理解できるんじゃね!?」と期待して開いた本に、「ベルトラン均衡とGDPデフレーターが消費者余剰の比較優位にパレート非効率を……」という文章を突きつけられ、瞬時にして**ドラマの中の柳葉敏郎さんの表情（特に上司役の時の）**になり、満面の渋面で本を閉じたくなる気持ち、私にもすごくよくわかります。

私なんて閉じるどころか、ぶん投げましたからねいろんな入門書を。「超入門編！」「誰でもわかる！」の謳い文句を信じて買った本に専門用語がずらりと並んでいるのを見て、「この詐欺野郎!!」と叫んで床に叩きつけ、さらに怒りのエルボードロップで追撃してやったことが、経済の勉強を始めてから幾度となくありました。頭のいい先生が書いているはずなのに、なぜ頭のいい先生は「どんな文章なら読者に伝わるか」がこんなにわかっていないんだ？　頭のいいアホなんじゃないだろうかこの人は？　とか思いながら（失礼）。例えばどんな本を八つ裂きにしたかというと、具体的な書名を挙げさせていただくなら、例えば……、　……………。**言えませぬ。**

当然この本を読んでくださっている方は、冒頭の文章はちんぷんかんぷんだったことかと思います。

そりゃそうですよ。あれをすんなり理解できるような経済通の人だったら、**こんなタイトルの本を買うわけないですからね。**この本はそんなレベルの高い人が読むべき本ではないということは、そんなレベルの高い人だったら瞬時に判断できているはずです。逆にベルトラン均衡やＧＤＰデフレーターの意味を完璧にわかっているのにこの本を読んでいる人がいたら、**すごい判断ミスですよあなた。全然合理的な経済人じゃないですよあなたは。もっと機会費用と効用の最大化を適切に検討できるようにしてくださいよまったく。**

……今の文章は、２章くらい読み進んでから戻っていただくと、みなさんも理解できるようになっているはずです。

現時点で経済学の知識がないことは、まったく恥ずべきことではありません。それはこの社会の大多数の人の姿であり、ほんの少し前の私の姿です。ノーベル経済学賞を受賞したクルーグマンだってスティグリッツだって、経済を勉強し始める前は経済のことなんてなにも知らなかったんですから。

まあ冒頭の難しい2段落ですでに7割くらいの方には本を閉じられてしまった気もしますが（多いなっ）、残り3割の心の広いみなさんと、一緒にお話を進めていきたいと思っています。

序章なのでもう少しこの本の概要を説明しておきたいのですが、まず経済学をざっと眺めてみますと、冒頭のややこしい文で触れたように、経済学は「ミクロ経済学」と「マクロ経済学」に分かれています。

経済活動には小さなものから大きなものまであって、小さなものは私たちが個人的にお金を使う活動のこと、大きなものは、個人が集合となった、国や地域がお金を使う活動です。

下は個人から、上は国まで。ミクロ経済とマクロ経済の違いもそこで、小さな経済……つまり個人であったり個別の会社に注目するのがミクロ経済学。大きな視点に立って、国や地域の経済を考えるのがマクロ経済学です。ついでに言うなら、どの海域のマグロを水揚げすれば市場で最も高い値がつくかを研究するのが**マグロ経済学**です。…………**なんちゃって!!　そんな経済学はないよ〜〜〜ん（爆）!!**

……………。

今の部分で**残っていた3割中2割の方に本を閉じられたような気がしますが**、これで本物の懐の深さを持つ精鋭中の精鋭読者の方だけが残ってくださったはずなので、その1割の方たちのために私は、がんばりたい(涙)。

まあマグロ経済は冗談ですが、ミクロ経済学とマクロ経済学については今説明した通りです本当です(ややこしいな……)。

と、解説しておいてなんですが、この本では、どの章がミクロでどの章がマクロかとか、全体的にミクロ寄りとかマクロ寄りとか半分ずつとか、そういう区分けは考えないことにしています。

あまり「解説書としてのルール」みたいなものにはとらわれず、どうしても大事な本筋は押さえつつも、両方の中身をとりまとめて面白くないところは省き、面白そうなところは選び、章を組み立てています。

もしかしたら識者の方には「教科書通りやれよ! これは教えるべきだろ! そんなの教える必要ないだろ!」と怒られる項目があるかもしれませんが、私としてはあくまで「経済学って、**なんとなく面白いかも**」と読者のみなさんに思っていただけることを第一に目指したいと考えています。

余談ですが、勉強というのは、教科書の順番で教科書に書いてあることを全部覚えていくのが正解ではないんです。

新しいジャンルに入門する時は、まずはそのジャンルの一番面白いところ、派手なところ、そこだけを好きになってみればいいんです。たとえミーハーと呼ばれようと、まず「楽しい」「面白い」「好きだ」というプラスの気持ちを持つことこそが大事です。たとえ表面的にしか知らなくても、堂々と「自分はこれが好きだ」と公言すればいい。嫌いなものは、頭に入りません。

世の中には石頭な人もいるもので、入門書を1冊読んだだけで「私、経済学が好きになったの」とでも言おうものなら、「なんだと！　ベルトラン均衡もゲーム理論も知らねえやつがなに言ってるんだ！　経済学をなめるな！」と責められるかもしれません。

でも、よくいわれることですよね。**すべてのジャンルは、マニアが潰すんです。**

経済学でなくとも、他の趣味で考えても同じです。例えばで言うなら、そうですね……なにか身近でわかりやすいジャンル、考えてみましょう。では、「アイドル」なんかはどうでしょう？

私はそちらの方面には疎く知識もないのですが、例えば仮に「私、ＡＫＢのファンなの」と公言している少女がいたとします。しかし話を聞いてみると彼女は新参のファンであり、知っているメンバーも指原さんと柏木さんの2人だけとのこと。そこでもし古参のファンが、「おい、指原と柏木しか知らないくせになにがファンだよ！　ファンを名乗るんなら、バイトAKBからスタートしてNGT48のエースそして選抜メンバーにまで躍進したおぎゆかとか、研究生時代にさいたまスーパーアリーナのステージから落下して頭を骨折しファンを愕然とさせたが『レッツゴー研究生！』の千秋楽直前公演で見事に復帰、3ヶ月ぶりにくるるんこと鈴木くるみちゃんとの『わがままな流れ星』ユニットを披露した稲垣香織ちゃんのこととかも、ちゃんと勉強しろよ!!　そんなことも知らないくせになにがファンだ!!　AKBをなめるな!!」……なんて、もし説教したとしたら、新参の少女はどういう気持ちになるでしょうか？　せっかくファンの入口に立ってくれた彼女も、そんなくだらない説教のせいでAKBにマイナスのイメージを持ち、離れていってしまうのではないでしょうか？

…………。

まあ、私はアイドルには疎いので、これが例えとして適切かはわかりませんが。全然知らないですからねAKBのこととか。今の台詞は思いついた単語をデタラメに並べてみただけですので間違っていたらごめんなさい。

ともかく、数人しか知らなくても数曲しか知らなくてもAKBファンであればいいし、ワールドカップしか見なくとも「私、サッカーが好きなの！」と堂々と言っていいんです。Jリーグもリーガ・エスパニョーラも知らないからといって、「おまえにファンの資格はない！　にわか野郎！」なんて、言われる筋合いはないんです。サッカーだってアロマだって歴史だって経済だって、面白いところから入っていけばいい。その後で誰にも強要されることなく、楽しくなったら自分の意思で裾野を広げていけばいいんです。人は強要されたら、学ぶのをやめます。

さて、お気づきかとは思いますが、私の解説はこのように脱線が非常に多く、これから始まる経済のお話においてもかなり派手な脱線が……というか、もはや**線路の見えないただの荒野を走っている電車**のような、**脱線が標準状態の進行**となっていくことが予想されますが、ここまでついて来てくださっている懐の深い精鋭読者のみなさまなら、この先も寛大な心でお付き合いいただけると信じております。

02

# 「効用の最大化」と機会費用

「セクシーDVD鑑賞時の機会費用」を合理的に考えてみる。

経済学には前提とする考え方があり、それが、**「人間は常に、経済的に合理的に行動する」**というものです。

その特徴を備えた人のことを**経済人**（ホモエコノミクス）と呼ぶのですが、つまり人間というのは気まぐれではなく、常にあれとこれを比べてどちらが自分にとってよりよいものなのか、あれよりこれがよいのならばこれはどこで手に入れれば最も得であるのか、そういう判断をいつも沈着冷静に、緻密に情報を処理しながら行っていく……人間とはそういうものである。と仮定して、そういう合理的な経済人を経済学では人間のモデルとして考えています。

まあそりゃそうだというか、例えばまったく同じデジタルカメラを安井電気で1万円で売っている、隣の高井電気では3万円で売っている、という時に、「人は合理的であるからみんな安井電気でカメラを買うはずだ」という前提に立たなければ経済学は成り立ちません。「いやあ、安井電気で買う人も高井電気で買う人も、いろいろじゃねえ？　**気まぐれでいいじゃん。人間だもの**」というポジションに立ってしまったら、なんの理論も作れなくなります。**「人間なんて気まぐれだから経済的な理論なんてなにも作れない」という理論以外は。**

そうではなく、人間はみな合理的に行動するのだという前提に立つからこそ、物価がこうなったらこうなるはずだとか、景気が悪くなったらこうなるはずだとか、定まった予測ができるようになるわけです。

「同じ物なら安いほうを買う」というのは合理的な行動のひとつですが、他にも、**「人は常に効用を最大化する選択をする」**というのも、合理的な人間……経済人として想定される特徴です。

「効用」というのは、言い換えると「満足度」のことです。それを買うことで、それをすることで、どれくらい自分がハッピーになれるか。Aを買うかBを買うかCかDかを選ぶ時に、値段と満足度を総合的に考えて、今ふうな言い方をすれば「一番コスパ（コストパフォーマンス）がよいものを選ぶ」という行為が「効用の最大化」です。

ただし、経済学としての考え方は「人間はみな合理的なのだから、みな効用を最大化するように行動するはずだ」なのですが、実際の我々はどうかというと、**おおむねそうであるが、そうでない時もある**というのが本当のところだと思います。

例えば、私が町を歩いていてしばしば思うのは、「数百円の割引のために行列を作る人々は、効用を最大化できていない」ということです。

実名を出すわけにはいきませんが、うちの最寄り駅にある**とある天丼屋さん**では、毎月18日（10→テン、8→ヤ　で**「てんやの日」**）になると、天丼がお安くなるため大行列ができます。あるいは、特定のスマートフォンを持っている人は牛丼が1杯無料になったり、ドーナツがタダでもらえたり、そんなキャンペーンがあるたびにそれぞれのお店では、ピーク時には1時間待ちの行列ができるそうです。ネットニュースでご覧になった方も多いのではないでしょうか？

牛丼は1杯３００円強ですが、ドーナツは1個１０８円、天丼屋さんの割引額もせいぜい60円です。

こんなことを言うと反論を受けるかもしれませんが……、いや、200円のために1時間並ぶような人は**どう考えてもこの本を買うわけがない**ので、ズバリ言わせていただきますが**そんな金額のために行列を作るという行為は、効用が低すぎます。**

まあ1時間待ちはピークタイムだけだとしても、30分であっても並ぶべきではないと私は思います。5分だったら考える余地はあるかもしれません。

「機会費用」という言葉があります。これは、ある行動をとる時、**それをせず他のことをしていたらどれくらいの効用があったか**という見込みのことです。例えば500円のコーヒーを飲んだ時に、コーヒーを飲まなければその500円で買えたはずの文庫本、その500円で入場できたはずの美術館、などが機会費用となります。「費用」とは言っても機会費用はお金だけでなく時間や気持ちなども含み、コーヒーを飲んで美味しいと思う感覚やリラックス効果、本や美術館から得られる楽しみや知識、そういう総合的な機会費用を考慮して、最も効用の高い選択をすべきであると、経済学では期待されています。私も、それはたしかにそうあるべきだと思います。

そう考えると、100円200円のために30分も並ぶという行為は、機会費用を考慮した場合に効用が低すぎるのです。「その時間を他のことに使ったらなにができるか？」、それをもっと真剣に考えたほうがよいのではないかと私は行列の人々を見て思うのです。

よくビジネス書を読んでいると、「『時は金なり』だ。電車で移動する時間はもったいない！　タクシー代を惜しむな！」なんていう説法を見かけます。

しかし、電車の代わりにタクシーを使うというのは数十分の節約のために数千円を使う行為ですので、「そりゃあなた、起業家で本も出してるような金持ちだからそんな威勢のいいこと言えるんだろうけどさ。庶民の金銭感覚をわかれって！　あんた、それは読者への説法の形を取ってその実『俺はたった10分を節約するために3000円のタクシー代を払える男だぜ。俺は選ばれし成功者だぜ……俺は人として、**勝ち組なんだぜ!!　おまえらと違ってな!!**』って自慢したいだけなんじゃないの!?　ええっ!?」なんて反抗したい気持ちも浮かびます。

でも、10分の節約に3000円かけるのは賛否あるでしょうが、100円200円の節約のために30分1時間をかけるのはどう考えても「時間の価値」を低く見積もりすぎている。1日1ドル以下で暮らしている極貧地域の人々じゃあるまいし、日本で屋根のある家に住んで生活を営める状態にある人の30分が、100円程度の価値のわけがないんです。

しかも店に入っても満員でギュウギュウですからね。満員でギュウギュウの中でごはんを食べるという行為が、100円以上の損失だと私は思うんですよ。いやその考えは視野が狭い、年金暮らしのお年寄りとか無職の貧乏青年、苦学生なんかが節約のために並んでるかもしれないじゃないかと、言われるかもしれませんが、お年寄りならなおさら残された時間を考えたら時間は無駄にできないはずだし、無職青年や苦学生ならその時間をバイトなり勉強なり自分を向上させるなにかに使うことで、長い目で見てもっと大きな効用に繋がると思うのです。さらに大きな目で見ると、「100円のために行列に並ぶことが普通である」という精神構造を自分の中に作ってしまうことが、一番の損になるという気がします。

まあ、効用は「満足度」であり気持ちが含まれる非常に主観的なもの、人様の効用を他人がとやかく言えるものではないかもしれません。もしかしたら、てんやの日に某天丼屋さんで行列を作っている人たちは100円が惜しいのではなく、**行列に並ぶことそのものに大変な快感を感じる**、「あはっ、俺、今行列に、**並んでるぅ〜〜ん!!** 前にも人! 後ろにも人ぉ♡ ああたまらないこの興奮……見知らぬ他人と前から後ろから、密着し列をなす恍惚……! ききっ、**気持ちいい〜〜〜はああああ〜〜〜んっっ!!!**」などと行列自体に悶絶するタイプの、超絶行列フェチな方なのかもしれません。もしそうなら、彼にとって列に並ぶことは快感&割引という一石二鳥の行為、紛れもなく彼は効用を最大化できており、私の批判のほうが見当違いということになります。

ただ、毎月のように割引デーの店の前を通りかかりますが、並んでいる人で**「行列たま**

**らぁ〜〜んっ!!　気持ちいい〜〜〜〜はあああああ〜〜〜〜んっっ!!!」と悶えている人を一人も見たことがない**ので、そこまでいかないのであればやはり彼らの行列への恍惚もたいしたものではない、「彼らの30分の価値は100円や200円のはずがない」という私の意見は的外れではないということになります。

……………と、偉そうに言ってはいるものの、そういう私自身も、日頃から機会費用を考えた上で常に効用を最大化する行動をとっているかというと、なかなか自信を持ってそうだと言えない部分もありますけれど。

例えば、セクシーなDVDなんかを見るじゃないですか。セクシーなDVDって、たしかに見ている最中はとてもワクワクでハッピーな気分になるのですが、いざひと通り見終わって我に返ると、その途端「お、俺はなにをやっていたんだろう……。この1時間の間にも一流アスリートたちはオリンピックを目指して血のにじむような練習をし、国境なき医師団の医師たちは貧困地域で何人もの子どもの命を救っただろうに……俺は同じ1時間でいったいなにをやっていたんだ……自分が情けない……」と、失った機会費用の大きさに涙ぐんでしまうこともしばしばです。そう考えると、私自身も効用を最大化できているとは到底言えず、行列に並ぶ人々を責められる立場ではないのかもしれません。

正直なところ、常に機会費用を意識して生活するというのはとても難しいです。経済学の本には、「他の物を買わないでそれを買う理由が本当にあるのか、他のことに時間を割かないでそれをする理由が本当にあるのか、機会費用を常に考えなさい」とよく書かれています。

しかし、例えば「ゲームをしたいなあ」と思った時に「ゲームをする時間でもっと他にできることがあるんじゃないか？」と機会費用を検討しなければならないとして、機会費用を検討することがそんなに大事ならば、それでは「ゲームをする時間でもっと他にできることがあるんじゃないか？　**と考える時間でもっと他にできることがあるんじゃないか？**」と機会費用について検討する時間に対しての機会費用を検討しなければならず、それを考えると今度は「ゲームをする時間でもっと他にできることがあるんじゃないか？　と考える時間でもっと他にできることがあるんじゃないか？　**と考える時間でもっと他にできることがあるんじゃないか？（※以下繰り返し）**」と、永遠に機会費用について検討する時間に対する機会費用を検討しながらそのまま寿命を迎えることになるので、いくら経済学が常に合理的に行動する人間を想定しているとはいえ、合理的に生きるのもほどほどにしておくのが結果的には合理的に生きることに繋がるのではないかと私は思います。ああややこしい。

とはいえ、次の章ではもうひとつだけ、経済的に合理的な考え方というものについて見てみたいと思います。

# 03

# 限界効用逓減の法則

## 30年以上続く名作マンガ『ドラゴンボール』は、限界効用逓減の法則をどのように乗り越えたのか？

経済学が経済人を基本モデルにすること……つまり「人は常に経済的に合理的な判断をするはずだ」という前提に立っていることは、文字通り「そのはずだ」という意味合いもあれば、「そうでないなら、そうしなければならない」という教訓も含んでいると考えられます。なにしろ全員が経済人に近づけば近づくほど、人々の経済にまつわる行動が予測しやすくなるのですから。

その点で、私たちには「常に効用を最大化するように行動する」ことが求められており、そして効用は「満足度」や「幸福」とおおむね同じ意味なので、私たちにとってもそれがベストなわけです。人は幸せになるために生きているのですからね。

そこでこの章では、効用を最大化するために機会費用と並んで重要となる**「限界効用」**、そして**「限界効用逓減の法則」**を紹介したいと思います。

「限界効用逓減の法則」というのは、簡単に言いますと、**物のありがたみは数が増えるほど減っていく**ということです。

具体的な例で見てみましょう。

私は時々、お寿司の食べ放題に行くことがあります。友人たちと合計4人で挑むことが多いのですが、そんなに値が張るものでもなく、一人5000円程度の料金で、一度に30貫までの注文を制限時間内に何度も繰り返し行うことができるシステムとなっております。

席に着き、最初のオーダーをとおし、30貫のウニイクラ中トロがテーブルの上に燦然《さんぜん》と並んだ瞬間の、あの幸福感といったら……！　まずは全員スマホを取り出し高級寿司（庶民にとっては）の壮観を、おっさんが食事の画像をネットに上げてもそれは不気味なだけなのでしませんが、とりあえずこの生涯最後かもしれないスペクタクルを記録に残したいと寿司列のアップを画像に収め、そしていよいよ1貫目のウニを口に運び、ひと口噛み締めた瞬間の、あの多幸感といったら……！

ひと口噛み、ふた口噛みそして、お寿司というもののあまりの効用の甚大さに、私は感情を揺さぶられ号泣します。お寿司を自由に食べられる時代に、生きられてよかった。今が執権北条氏の時代じゃなくてよかった……。北条氏の時代だったら、いざなにかあったらお寿司を放り出して鎌倉に駆けつけなければいけないのだから……。

あらゆる機会費用を考慮しても、私が今ここでウニイクラ中トロを口にしている現実は、至高にして最高の絶大な最大化であると断言できるのです、お母様。

………………。

ところが。

幸せに我を忘れ、寿司食い魔神となって2オーダー3オーダー4オーダー、やがて腹八分を超えても「頼まなきゃもったいないでしょ！」と注文表を埋め、やがて腹10分、腹13分に達してもなお、本日合計１５０貫目記念の壮観なお寿司列が、プルプルと我々のテーブルに。

私の眼下には、ウニがある。つい１時間前には絶大な多幸感を運んできてくれた、あのウニが。

しかし、あの時とまったく同じ質・量であるそのウニ列を見て、満腹の私は思うのです。

これ…………

**ゴミ?**（最低〜〜）

い、いや、ゴミではありません。これは、紛うことなきお寿司です。これは美味しいお寿司ですし！　もし今が1時間前ならば、感動で写真を撮りひと口で落涙ふた口で号泣ご口で気絶するほどの、「幸福の物質化現象」とでも呼ぶべき至宝の一品がこのウニ様です。それなのに、そんな至宝を前にして、腹28分を超えた私たちにはもはや至宝もガラクタにしか見えません。友情は壊れ、「これ頼んだのおまえじゃね？　責任持って食えよ！」「いや俺やないわ！　おまえやろ元取るためにウニばっか頼んどんの！」「なんだと！　人のせいにすんのかコラ!!」「なんじゃワレ!!　**ケンカならケンカいうてはっきり言えやっ！　いつでもこうちゃるけえっ!!**」と、いい歳こいたおっさん同士のお寿司の押しつけ合いが始まるのです。お寿司のお寿司つけ合いが。

……しかし、お寿司でなくともケーキやら焼肉やらビールやら、食べ飲み放題を利用したことのある人なら、少なからずこの気持ちはわかってもらえるのではないかと思います。

これが、限界効用逓減の法則です。ややこしいんですが、「限界」というのは経済学ではリミットという意味ではなく、「あと1個追加した時の」という意味となります。「限界効用」になると、**あと1個追加した時に増える効用**です。

## 同じウニなのにまったく「**効用**」が違う！

　私がウニを0の状態から1個追加した時、つまり最初の1個を食べた時の効用と、30個食べた時点で1個追加し、**31個目を食べた時の効用がまったく違う**ことに注目してください。最初の1個はあれだけの幸福感を与えてくれたウニさんも、「31個目の1個」は幸福感が少ないどころかむしろ苦しみすら生み出すもの、マイナスの効用と成り果ててしまいました。31個目のウニさんは、どれだけ1個目のウニさんになりたかったでしょうか……（号泣）。

　このように、あるものの効用が数を重ねるごとにだんだんと減っていく現象のことを、限界効用逓減の法則というのです。

　では、この限界効用逓減の法則を認識することが、どんな役に立つのか？

ひとつは単純に、私たちが効用を追い求める上でよい戒めとなります。
どんなに美味しいものでも、どんなに楽しいことでも、繰り返し求めれば効用は減り、いずれは苦にすらなってしまう。1の効用をただ積み重ねれば最大化に近づくわけではなく、適切な量を見定めることこそが大切である。効用がマイナスに転じる直前に切り上げることが、効用の最大化のためのうまいやり方なのです。**幸せを求めるのならば、求めすぎないほうがよい**ということですね。

一方、これを商品やサービスを提供する側から見ると、「どれくらいの量を提供すれば最もお客さんに喜ばれるか」を見極める材料となります。なにしろ、お客さんに喜ばれれば売り上げは増え、喜ばれなければ売り上げは減るわけですから。

例えばを考えると、マンガや映画などの娯楽作品がわかりやすいかもしれません。これも、ウニと同じです。**シリーズものは、大体1作目が一番面白い。**なぜなら、限界効用逓減の法則が働くからです。『ジュラシック・パーク』の1作目を見た時の衝撃、**「きょ、恐竜がまるで生きているようだ!!」**というあの驚き……作品から得られた効用を、2作目以降が超えることはまず不可能です。続編を見る時、観客はすでにCGの恐竜を目にすることにも、CGが前作より進歩するということにも、慣れてしまっているのですから。

実際それを踏まえて、マンガなどは**単行本15巻前後で完結する作品が多くなっている**そうです。最初は斬新に感じたストーリーやキャラクターも、巻を追うごとに読者が慣れてしまい、作品に対して限界効用逓減の法則が発生します。限界効用が減れば、同じような比率で単行本の売り上げも減る。よって、効用の減った作品はキリのいいところで終了させ、赤字になる前に新しい商品へ切り替えるのが商売としてはよいわけです。

同時に、限界効用逓減の法則を**抑えるためにはどうするか?**を考えることも非常に重要になります。鳥山明先生の『ドラゴンボール』などは15巻をゆうに超え、40巻も通りすぎて続編は今でも続いています。果たして『ドラゴンボール』は限界効用逓減の法則をどう乗り越えたのか?

それはもう単純明快で、少年マンガの効用といえば「ドキドキ」「ワクワク」でありますから、それが全部ではないものの軸としては「話のスケールをどんどん大きくして、読者のドキドキを維持させる」という方策を取ったものと考えられます。主人公の孫悟空は物語の中でいろいろなライバルと戦っていきますが、1巻2巻では**ちょっとケンカの強い子ども**が殴り合いでファイトしていたものが、いつしかかめはめ波を出せるようになり、分身ができるようになり空を飛べるようになり、**敵とぶつかり合うと衝撃で町が爆発するようになり**、そして現在最前線で戦っているキャラクターたちは、**全員指1本で地球を破壊できる強さ**になっています。

つまり大事なことは、「いかにお客さんの感情を動かし続けられるか」ということです。そして、新しい喜びを提供できるか。それは娯楽作品だけでなく、食べ物でも洋服でも自動車でも、どんな商品にも当てはまることです。

まあ最終的に**宇宙そのものを一瞬で消せる強さのキャラクター**まで登場してしまった『ドラゴンボール』が、ここから先どういう新しさで読者に効用を与えてくれるのだろうかというのは、私もいちファンとして期待と不安を込めて見守りたい次第です。

商品を提供する立場ではお客さんにいかに限界効用逓減を起こさせないようにするかを考える、そして限界効用が逓減してしまったら、効用がマイナスになる前にうまく収束を図る。それが商売の上では重要なことです。それはどの商品でも、どのジャンルでも同じ。夫婦生活なんかでも同じです（どういうことかな）。

それでは経済人の話はここまでにしまして、次の章からはもう少し経済っぽいテーマ、お金の話をしていきたいと思います。

04

# 「お金」の働き

モーニング娘。さんを囲むヲタ活（オタク活動）から、「通貨の3つの働き」を学びましょう。

この章では、私たちが経済活動を行う上で欠かせない、「お金の役割」について見ていきたいと思います。

長く歴史を遡れば、その昔人々は、欲しい物を得るために自分の所持品と相手の所持品を交換する、**物々交換**という手段をとっていました。

……………………。まあ、その昔に人々が物々交換をしていたところを実際に見た人なんて誰もいないのに、なんでそんなことがわかるのかは謎ですが、ともかく**みんながそう言ってるのでそう**なんです。その昔、人々は物々交換によって必要な物を手に入れていました。

間違いない。

そして、昔は物々交換によってなされていた経済（ふう）活動が、現在では貨幣、お金を介して行われるようになっています。昔は物々交換だったのに今はお金を使うようになっているということは、「お金を使ったほうが物々交換よりも便利だ」ということですよね。もし逆だったら、物々交換が今も続いていなければおかしいですから。

では、取引に貨幣・通貨を介在させることには、どのような利点があるのでしょうか？

お金には3つの働きがあります。**「価値の交換機能」「価値尺度機能」**、そして**「価値の保存機能」**です。

3つそれぞれの働きについて、物々交換の場合と比較しながら考えてみたいと思います。

その昔、人々は収穫した農作物や釣った魚、捕らえた獲物などを、市場で取引相手を探し、各々自由に交換をしていました。そこにはまだ、お金の働きである「価値の交換機能」「価値尺度機能」「価値の保存機能」は存在しません。

………………。

うーん。ちょっと、地味ですねこの話は。

まあ物々交換の説明となればお米とかお魚とかが出てくるのは普通なんですけど、正直なところ「その昔、人々は農作物や釣った魚を物々交換で……」という例え話は、経済入門の本なら**どの本もやっている。**２０００冊くらいあるんじゃないでしょうか？　その昔人々は農作物や魚の物々交換を……からお金の説明をしている本。となると、**限界効用逓減の法則により、この例え話はかなりありがたみがなくなっている**と考えられます。

では他の本との差別化を図るために、あえて違う物で物々交換を考えてみようと思います。昔ではない、もうちょっと現代ふうのやつがいいですね。

なにがいいかな……そうですね例えば……、**アイドル**なんかはどうでしょう？

私はハードボイルド作家のため正直そちらの方面には疎いのですが、ちょっと小耳に挟んだところによると、アイドルファンの世界では**現代でも物々交換が現役で行われている**という噂です。

例えば、モーニング娘。のコンサートに行くじゃないですか。するとしばしば、物販スペースやその周辺で、ファンの方たちが**握手券やポスターの物々交換**を行う光景が見られるのです。自分の好きなメンバーすなわち推しメンのグッズが欲しいファン同士が、「ふくちゃんのピンポスとのなかちゃんのピンポス交換してくれませんか？（※ピンポス＝ピンナップポスターの略。Ａ４サイズでメンバーが１人写っているポスター。ふくちゃん＝９代目リーダー譜久村聖。のなかちゃん＝12期メンバーの野中美希。帰国子女で英語が堪能。好きな食べ物はチェルシーのヨーグルト味）」と声を掛け合ったり、「５月14日個別握手会

【譲】紺野×2 久住×3【求】新垣 工藤」などと書かれた紙を掲げて交換相手を探したり、実に活発なやり取りが行われています。私はそういうのに疎いんですが一応補足させていただきますと、最初に公式な物販でピンポスや握手券つきCDを買うとどのメンバーが出るかはランダムで、なかなか推しメンに当たらない仕組みになっています。だからファンはどんどんお金を使う羽目になり、これはとてもうまく**運営側の効用を最大化するシステムが構築されている**と言えますが、そこで、推しメン以外の握手券やピンポスを引いたファンたちは、目当てのグッズを持っている他のファンを探して交換を図るのです。

ところが想像がつくと思いますが、この物々交換は、**非常に面倒くさい**です。なにしろ、自分が求めるピンポスを持っていて、なおかつ自分のピンポスを欲しがって交換してくれる人というのが、なかなか見つからない。

私はその交換相手探しの光景を目にするたびに、「モーニング娘。グッズの交換に使える、**専用の通貨があったらいいのに**」と思うんです。

例えば、ファンの有志が会合を重ね、合意に基づき**「AKS」という通貨**が発行されたとしましょう。AKSは「握手券」の**あくしゅの頭文字を取ってAKS**です。ピンク色で額面ごとにいろんなフルーツがプリントされた、メルヘンな紙幣です。

この専用通貨AKSが導入されれば、ファン同士の物々交換は、見違えるように効率的になります。

なにしろ、お目当て以外のメンバーのグッズを引いた場合は、すぐさま誰かに売ってしまえばいいのです。ファンの中で「ピンポス1枚は5ＡＫＳと、握手券1枚は20ＡＫＳと交換できる」という合意が形成されていれば、いちいち「あの人はのなかちゃんを持ってるみたいだけど、俺のふくちゃんと交換したいと思ってくれるかなあ……」などと悩む必要はなくなります。まずふくちゃんを誰かに5ＡＫＳで売り、そしてその5ＡＫＳでのなかちゃんを買えばいい。相手も含め全員が「5ＡＫＳはピンポス1枚と交換できる」と合意していれば、誰にとっても5ＡＫＳは推しメンのピンポスと同価値なので、圧倒的スピードで交渉は進みます。一度ＡＫＳに換えて、そのＡＫＳで欲しいピンポスを買うだけ。物々交換ではなかなか成立しなかった取引も、ＡＫＳという通貨を介することでこのようにスムーズにまとまるようになります。

さて、ここで通貨ＡＫＳの3つの働き「価値の交換機能」「価値尺度機能」「価値の保存機能」をピックアップしてみましょう。

物々交換では、「自分が相手の物を欲しいと思って、なおかつ相手が自分の物を欲しいと思う」のが交渉の成立条件です。そして、**そんな相手を探すのは難しい。**しかし今の例では、間に通貨ＡＫＳを噛ませることによって、交換の効率がグンと上がりました。こうして様々な物の交換の仲立ちをするというのがひとつ目、通貨の「価値の交換機能」です。物の交換をスムーズにする役割ですね。

次は「価値尺度機能」。これは、ある物とある物が、どれくらい価値の違う物なのかを理解する助けとなる機能です。

物々交換ではピンポス1枚はピンポス1枚と交換できますが、もしも、**ピンポスと握手券を交換したい**という人がいたらどうでしょう?

ピンポスと握手券は違う物であり、その価値も違う。そうなると、物々交換ではピンポスと握手券をどんな組み合わせで交換したらいいかがわかりません。しかしそこにAKSがあれば、「ピンポス1枚が5AKS、握手券1枚が20AKS」と数字で表すことができ、「握手券1枚はピンポス4枚分の価値である」ということをみんなが把握できるようになります。

もしかしたら、同じピンポスでも現役メンバーより卒業生のほうが希少性により価値が高いかもしれない。となると物々交換でその微妙な価値の違いをすっきりさせるのは至難の業ですが、通貨によって「現役メンバーは5AKS、さゆみんは7AKS、ゴマキは12AKS」と価値を定めれば、誰もが納得する取引ができるようになります。

そして最後の役割が「価値の保存機能」。

物々交換では、長い間取引相手が見つからなければ、自分の商品は劣化してしまいます。昔々の肉や魚なら顕著ですが、アイドルグッズだって、体型が変わったりお酒を飲みすぎたりしてメンバーが劣**（自粛）**し、グッズの価値が暴落してしまうかもしれない。ポスターだって日にも焼ければ埃も溜まる、握手券は指定の日付がすぎればただの紙。しかし、そうなる前に自分の商品を通貨に換えておくことによって、その瞬間の価値が通貨に切り取られ、保存されるのです。お金なら、少なくとも短期間でその価値が劣化するということはありませんから。

これが、通貨の持つ3つの働きです。AKSはアイドルグッズ専用の通貨ですが、対象をあらゆる品に広げたものが円やドルという実際のお金になります。「普通に農作物や魚で例えたほうがわかりやすかったんじゃないの？」という声は、**私には聞こえない。**

実際のお金の歴史としては、物々交換からいきなり紙のお金に飛んだわけではなく、最初は保存がきいてかさばらない、稲や貝などが貨幣になっていました（だから貨幣の「貨」には「貝」の漢字が含まれているのです）。やがて金や銀などの金属が使われるようになったのですが、ところがいかんせん金属は、重い。そこで、人々は自分の持っている金を両替商や銀行へ持って行き、**「金の引換券」**と交換するようになりました。

紙でできた「金の引換券」は銀行へ持っていけばいつでも金と交換できるのですが、**「こ**

**の紙はいつでも金と交換できるのだ」とみんなが思うことにより、金を介さずとも、引換券のやり取りだけで物の売買ができるようになりました。**

ちなみに「金（や銀など）と交換できる引換券」のことを「兌換紙幣《だかんしへい》」と言い、「いつでも金と交換できる兌換紙幣を使って物の売買が行われる」仕組みを、**金本位制**と言います。歴史上、人々が「金の引換券」である兌換紙幣を使っていた期間は長く、金本位制の仕組みがなくなったのはほんの40年前のことです。

この金本位制……つまり「お金は必ず金・ゴールドと交換できる」という仕組みは、違う通貨を持つ地域同士がやり取りをする時にも役立ちました。

例えばＡＫＳを通貨とする国家「モーニング国」が貿易のためアメリカと通貨のレートを決めることになったとして、モーニング側が「うちの１ＡＫＳと、おたくの１ドルが同価ってことでいいかな？」と提案しても、アメリカ側としてはなにを基準に判断すればいいのか困ります。モーニング国が「えっと参考までに言うと、うちではモー娘。のピンポスが１枚５ＡＫＳ、卒業生のさゆみんのピンポスだと１枚７ＡＫＳでやらせてもらってます」と情報を提供しても、そんなのは相手方になんの参考にもなりません。

まあそこで万が一、「リアリーッ!?　モームス、ニューヨークツアー来てからアメリカでも大人気デス！　イエス、**アメリカでもピンポスは1枚5ドル、さゆみんピンポスは7ドル**

**デース!! ファンタスティック! では1ドル=1AKSで、ナイストゥーミーチューー!! メイクモームス、グレイトアゲイン!!**」と奇跡的に意気投合したならば、無事にレートは定まります。その場合は貨幣の価値がモーニング娘。を基準にして決まる**モーニング娘。本位制**となりますが、現実問題として文化の違いもありますしなかなか多国間で価値観を固定するのは難しい。しかし金ならば埋蔵量が限られているため、どの国でもおおむね価値は同じです。そこで、モーニング国でも金本位制を採用して「AKSを兌換紙幣とし、50AKSで金1グラムと交換できることとする」という決まりを作れば、外国との通貨交渉も簡単になるというわけです。お互いの通貨と、金との比率を計算すればいいのですから。

ただし現在は金本位制は廃止され、各国の通貨は「これはお金である」とみんなが信じることにより、お金としての機能を果たしています。国によっては時々「ちょっと待て。**これは本当にお金なのか?**」という疑念が広がり、お金が紙クズと化してしまうこともあるんですが……その状態「ハイパーインフレ」については後の章で解説したいと思います。

以上、ここまではお金の役割と歴史について見てみました。次の章は、お金の話の発展形である、物価の決まり方についてです。

# 05 物価

## インドのぼったくりタクシーにも「神の見えざる手」は適用されるのか？

「神の見えざる手」という言葉、なんとなく学校で習ったような習わなかったような、でも聞いたことはあるような……そんな立ち位置の言葉ではないかと思います。

これは経済学で出てくる用語で、ざっと説明すると「物の値段というのは、まるで神様が見えない手で操作しているかのように、ほどよいところに落ち着くものである」という意味になります。

厳密には原典であるアダム・スミスの著書には「神の」の部分はなく、「見えない手（an invisible hand）」としか書かれていません。ただキリスト教やイスラム教など一神教の世界

アダム・スミス
(1723-1790)

イギリスの経済学者。
古典派経済学の父。
「見えざる手」という言葉で有名。
主な著作は、『国富論』。

ではおいそれと神の名を出すわけにもいかないのでしょうが、神様に寛容な日本ではあれも神ならこれも神、漫才の中でボケる神様を「なんでやねん(笑)!!」とひっぱたいても笑って許される社会なので、私たちは「神の見えざる手」と認識して問題はないでしょう。ちなみにもし中東のシリアスな地域に行って神様をひっぱたく漫才をやったら、その芸人さんは過激な派閥の人たちにより**実際に神様のいる天国へ送られる可能性が高い**と思われます。どうかご注意ください。

さて、商品やサービスの値段は、それを欲しい人と提供する人、つまり需要と供給の関係によって決まります。需要側であるお客さんと、供給側である商品(を売る人)、その数のバランスを基準に交渉がなされ、市場価格が定まるのです。

まあ「物の値段は需要と供給で決まる」とか、「欲しい人が多ければ金額は上がる」ということは多くの方が理解しているとは思うのですが、ただ、どうでしょう？　日本で暮らしていて、日常の中でその仕組みを生々しく実感することはあまりないと思うんです。

コンビニやデパートに行けば無数の商品が並んでいますが、私たちはセブン-イレブンでパンを買う時に、いちいち交渉しません。ただ粛々と商品を持ってレジに行き、粛々とバーコードが読み込まれ、粛々と代金を支払うだけです。ランチタイムにパンを買う人の行列ができたからといって、セブン-イレブンの店員さんが「はいお客さん！　パンの数を需要の数が上回ったので、今からこの『さっくり食感！　メロンパン』は300円に値上げします！」とその場で価格をつり上げることはありません。

要は、日本で普通に買い物をしていても、需要と供給の均衡点（ちょうどいい点）が探られて市場価格が決まる仕組み……その仕組みを**市場メカニズム**と呼びますが、その市場メカニズムが日本の生活の中ではなかなか鮮明には実感しづらい。

日本の生活で実感しづらいなら、どこの生活なら実感できるのか？　というところで、ここはひとつ**インドの生活例**で、市場メカニズムの可視化にチャレンジしてみようかと思います。もともと私はインド旅行記で作家デビューしていることもあり、インドとは因縁浅からぬ関係があったりなかったりするのです。

インドで旅行者が一番使う乗り物といえば、「リキシャ」です。

リキシャは三輪の自転車に客用の座席をつけただけの乗り物で、料金メーターなどはありません。よって運賃は、乗る前に運転手と直接交渉をして決めることになります。例えば、宿の前にいるリキシャの運転手に、「タージマハルまで行ってほしいんですけど、おいくらですか?」と尋ねる。すると「300ルピーだ!」などと返事が返ってくるので、納得すれば乗車します。

ただし注意すべきは、ほとんどの場合、運転手は**めちゃくちゃボッタくろうとしてくる**ということです。とりわけ外国人旅行者が相手の場合には。一応こちらにも「この距離なら40ルピーくらいかな?」という、それまでの経験からの予測はあるわけです。しかし、インド人運転手は平気で**8倍くらいの金額**をふっかけてきます。

そうなると、そこから乗客=需要者と、運転手=供給者の交渉が始まるわけです。「いやいやいや、300ルピーって、いくらなんでもそんなかかる距離じゃないはずですよ。もっとまけてくださいよ」「なんだと? じゃあいくらならいいんだ。ハウマッチユーペイ?」「そうですね……それじゃあ……、30ルピー!」「**ア〜〜〜ッハッハッハッハ!!** 面白い冗談だな(笑)。おまえインドにくるのは初めてだな? リキシャプライスについてなにも知らないなおまえは?」「ノットファーストタイム! 2回目ですよインドは。もう数えきれないくらいリキシャに乗ってるんですから! 300ルピーなんてあり得ない。ディスカウントプリーズ！」「やれやれ、仕方ないな。おまえはジャパニーズだな？　オーケー、俺は日本が大好きだから、特別の割引だ。それじゃあ……………、290ルピーにしてやろう」

「**ひく〜〜〜〜〜〜〜〜〜っ!!　割引率ひく〜〜〜〜〜〜〜〜〜〜っ!!!**　日本が大好きなわりには大好き度が全然反映されてない!!　**むしろ嫌いなほうがしっくりくる貧相な割引率!!**　あのね、俺はさっき宿のおっちゃんに相場を聞いてきたんだから！　ここからタージマハルまでは40ルピーが相場だって言ってたぞ！　40で行ってよ！」「ノー!!　おまえ、ここの宿に泊まってるのか？　この宿のオヤジはクレイジーなんだ。いつもウソばかりついて外国人をからかってるんだよ。あいつを信用するな！」「**するっ!!　あいつを信用する俺はっ!!!　少なくともあんたよりは!!!**　とにかく290はエクスペンシブ!!　モアモアーディスカウントプリーズ!!」「まったく、聞き分けのないやつだな……。しょうがない、これがラストプライスだぞ？　最後の値段は……………、285だ」「**ノーーーーーーーー!!!　ノーーーーーーーーーーーッッ!!!　ナンセンスッ!!　アイドンアンダースタンドオーマイガッ!!!**」

〜〜〜〜以下略〜〜〜〜

…………………。

というように、長い長い交渉を経て（本当にこんなやり取りになります）、最終的にタージマハルまでの運賃は80ルピーくらいで決着します。地元の相場よりは少し高くなりますが、外国人旅行者とリキシャの作る市場においてはそこが相場、需要者と供給者の要望は80ルピー地点で均衡したということです。

なお参考までに言いますと、リキシャと料金交渉をしている間に**歩いて目的地に向かっていたらとっくに着いていたのではないか**と疑念が浮かぶ状況も多発しますが、暑かったり疲れていたり詳しい場所がわからなかったりという事情もあり、我々はお互い効用の最大化を目指す経済人同士、激しい料金交渉を繰り広げることになるのです。

さて、これが一般的なリキシャの料金交渉の流れなのですが、次は応用です。この時、もし**供給に対して需要が少なかったら、**交渉はどうなるでしょうか？　シーズンオフで宿にいる旅行者はほんの数人、それなのに客待ちのリキシャは10台以上が道に連なっているという場合。

その場合、私は今しがた決着した80ルピーから、さらに値引きを引き出すことができます。「80ルピーなんてイヤだ。俺は50ルピーじゃないと乗らないぞ！」「冗談じゃない！　そんな金額じゃあ商売あがったりだ！　ふざけんなバーカバーカ！」「わかったよ。そういうことならあっちのリキシャと交渉するよ。じゃあね、ばいばーーーい（立ち去るふり）」「ウエイト!!　待て！　わかったよ！　いいよ50ルピーで行ってやるよもう！」「はい決まりぃ～！　ありがとねナマステ～」というやり取りの後、こちらの要求が通ります。つまり、供給に対して需要が少なければ、価格は下がる。

では逆の場合です。今度は供給が少なく需要が多い。ハイシーズンで観光客だらけの中、空いてるリキシャは数台だけです。

そのケースでは、80まで下がる前に均衡点が訪れます。「120ルピーだ。これがラストプライス！　納得できないなら、勝手にしろ」「えっ？　勝手にしていいの？　じゃああっちのリキシャと交渉しちゃおっかな〜〜。じゃあね、ばいば〜〜い（立ち去るふり）」「……………（無視）」「じゃあね、ばいば〜〜い（立ち去るふり）。本当に行くよ？　ばいば〜〜い（立ち去るふり）。いいんだね行っても？　ばいば〜〜い（立ち去るふり）！　今度こそ行っちゃうからね？　ばいば〜〜い（立ち去るふり）！　**ごめんなさいっ（涙）！！　僕が悪かったです120ルピー払うから乗せてくださいませ〜〜あお〜〜っ（号泣）！！**」……という感じで、強気なのは運転手さんのほうとなり、先ほどと比べて金額は高くなります。

日本では物やサービスの値段はあらかじめ決まっているのが普通ですが、インドの社会、とりわけリキシャの市場では、まさに需要と供給の関係によってリアルタイムに市場価格が変動していきます。

では、需要が少なければ料金はいつまでも安いのか？　供給のほうが少なければ料金は高いままか？　というと、その状況がずっと続くわけでもありません。もしリキシャの運賃が低いままだったらお得感からいろんな人がリキシャに乗ろうとするので、需要が増えて少しずつ運賃は上がっていきます。反対にもし運賃が高いままだったら、いろんな人がリキシャの運転手になろうとするので、供給が増えて少しずつ運賃は下がっていきます。そうして需要と供給は常に変動しながら、なんとなく「この距離を乗るならだいたいこの運賃である」という、その時点の適正価格が決まるのです。

一見すると一人一人が身勝手に、自分の効用だけを考えてバラバラに行動をしているように見えても、それが積み重なっていつの間にか市場全体の適正価格が定まるようになる。これをアダム・スミスは「まるで神様が見えない手で市場を導いているようだ」という意味で、「神の見えざる手」と表現したのです。

……………。

まあ適正価格が決まるといっても、リキシャ市場では外国人が絡むと同じ目的地でも金額がコロコロ変わったり、ひどい時には交渉がまとまっても**到着してから全然違う金額を請求される**なんてこともあり、安易に「神の見えざる手によって適正価格が定まっている」とも言い難い状況ではあるんですけどね……。

ま、そこはインドの神ですから。**インドの神様って、手の数めちゃめちゃ多いですからね。**ていうかそもそもシヴァとかヴィシュヌとかドゥルガーとか、**神様の数自体がものすごく**

**多い。その上で各神様に手が10本くらい生えてたりするんです。**そりゃあ適正価格がちゃんと定まらないのも仕方ないか……神の手が1000本くらいあるんだもの……どの手に導かれりゃいいかわかんないよ市場も……(涙)。

個人的にはもうひとつ、「『見えざる手』って、**見えないのになんで手だとわかるんだ？『神の見えざるピーー(自粛)』かもしれないじゃないか**」という疑問もあったりするんですが、まあ神様に失礼なのでそんな疑問は持たなかったことにして、日本社会ではわかりづらい市場価格の決まり方が、インドの例で多少は可視化できるようになっていたら嬉しいなと、思ったりもしますができていなかったらすみません。

# 06 独占とはなにか

男女の婚活市場においても、
「独占」は非常に害悪な行為です。

さてここまでの5章、やはり脱線が中心となり**どこが本来の線路なのか全然わからない**という声も多くなってまいりましたので、いったん車両を本線にガシャッ！と戻し、真面目に内容を整理してみたいと思います。そういえばこの本は経済学の本でしたから。面白ブログとかじゃなくて。忘れてましたけど。

経済学では、まず世間で経済活動をする人々を、「常に合理的な判断をする経済人」だと想定します。合理的な経済人は、例えばある商品を買う時に、「もしこのお金を他のことに使ったら、どれくらい効用があるだろうか？」と機会費用について熟慮し、限られた予算や時間の範囲でいかに効用を最大化できるかを常に心がけます。

そんな経済人が市場に集まれば、物やサービスを欲する側も、また提供する側も、自分の効用を第一に考えて相手側とギリギリの交渉（直接的であれ間接的であれ）に挑むため、結果として需要と供給が均衡する地点でまるで「神の見えざる手」に誘導されるかのように、市場価格が決まる。そしてそのようにして市場価格が決まる仕組みを、市場メカニズムと呼ぶ。ついでに言うとインドのリキシャはめちゃめちゃボッタくってくる。

と、ここまでが、前章までの流れです（ひとつ不必要な情報もあり）。

頭が整理できましたでしょうか？　おかげさまで、私もできました。なにしろ一度覚えた知識というのは、文章にしてアウトプットするとよりしっかりと脳に定着するんですよ。みなさんもよかったら、ここまで学んだ内容について一度アウトプット作業を行ってみたらいかがでしょう………え？　やらない？　だよね～（涙）。

ではせっかく本線に戻りましたので、ずっと優等生として生きてきた私らしく、このまままきっちり敷かれたレールの上を走りながら先に進みたいと思います。

さて、このように物やサービスの値段、市場価格というのは市場メカニズム（市場原理とも言います）によって決定されるわけですが、実はこの市場メカニズムは、常に完璧に働くとは限りません。いつもいつも「神の見えざる手」がうまく機能するわけではない。

神だって、四六時中市場を見張っているのはしんどいものです。秋になれば全国の神様はカンファレンスで出雲大社に集まるわけですし、その間は市場も神無月です。例えば北海道の神様が出張先の出雲から札幌の市場価格を管理しようと思ったら、**1100㎞くらい伸びる見えざる手**を持っていないと無理です。どんな悪魔の実を食べていても、そこまで体を伸ばすことは難しいでしょう。多分悪魔の実、食べないしね神様は。神様なんだから。

……………。ガシャッ、**ガシャゴシャンッッ(車両を本線に戻した音)。**

例えば、**独占**が発生すると、市場メカニズムはうまく働かなくなります。

独占とは、ある会社が市場を単独で支配してしまうことです。前章の例で言うならば、インドの「交通の市場」において、ひとつのリキシャ運営会社だけが勝ち残り、他の会社はすべて淘汰されてしまった場合。

本来リキシャは運転手一人一人が管理企業から自転車を借り、個人事業主(自営業)として活動しています。だから市場には競争が生まれ、運賃はうまく調整される。しかし仮に、彼らが日本のタクシー会社のように会社としてまとまり、その会社「ボリボリリキシャ(『ボリ』は『ボリウッド映画』のボリ)」以外には、別のリキシャ会社も、タクシーも公共バスも、一切の交通手段がなくなってしまったとしたら?

そうなると、人々は徒歩圏外への移動時には、ボリボリリキシャを使わざるを得ません。当然、独占状態にあるボリボリリキシャは傲慢な商売を始めます。「タージマハルまで行ってほしいんですけど、おいくらですか?」「300ルピーだ!」「いやいや300って! いくらなんでも高すぎるでしょう! ディスカウントプリーズ!!」「そうかそうか、しょうがないな。それじゃあ………、**歩いて行けやっ!!!**」**「いやあああごめんなさ〜〜〜い(涙)!! 300払いますから乗せてくださいませ〜〜あおお〜〜っ(号泣)!!」**と、なにしろ他に選択肢がひとつもないのですから、ボリボリリキシャ(「ボリ」は**「ボッタくり」のボリ**)の言い値に従うより他なくなります。

価格競争が存在しないその状態では、運賃は理不尽に高いまま。しかも、乗客が必ずその会社を選ぶのならば、会社側はサービスや品質を磨く必要もなくなります。運転手が傲慢でも座席がボロボロでもブレーキ音が怪鳥音でも、乗客は減らないのですから。よってある市場が独占されている場合、その市場の商品は価格も下がらなければ品質の向上も望めないことになります。

また、その市場に新しい企業が参入しようとしても、独占企業は簡単にそれを阻止することができます。ボリボリリキシャであれば、取引先の自転車会社や座席製造工場に「おい、あの新参の『ギリギリリキシャ』には絶対に商品を売るなよ! もしそんなことをしたら、今後おまえの会社とは取引しないからな！」と圧力をかけたり、あるいは新参のギリギリリキシャが採算ギリギリの低運賃で勝負をかけても、資金力のあるボリボリリキシャは「脱ボッタくり宣言！　お客様感謝セール：期間内どれだけ乗っても運賃1ルピー！」というような無茶な料金設定で対抗できます。

低価格競争によりギリギリリキシャが倒れた後、再びボリボリリキシャは**「帰ってきたボッタくり！　メイクボッタくりグレイトアゲイン!!　『脱ボッタくり宣言』完全撤回！　初乗り300ルピー、ビタ一文まかりません！」**と元の大名商売に戻ればいいのです。※この行為は「不当廉売」や「ダンピング」と呼ばれます。

とにかく、独占はよくないものであるということは、なんとなくご理解いただけたのではないかと思います。

まあ、人間関係でも同じですよね。例えば婚活の場において、男性の中に一人だけ**紀州のドンファン**と呼ばれるクラスの、桁違いの大富豪プレイボーイが交じっていたらどうでしょう？　圧倒的財力で婚活市場を支配し、すべての花嫁候補を独占してしまう紀州のドンファン。あまりにも強大なその力の前で他の男子は「あいつと戦っても無駄だよ」と諦めの境地に至り、競争する気力すらなくしてしまいます。モテ競争を諦めた人々は仕事にもオシャレにも無気力となり、やがて男性市場は全体が腐ってしまうことでしょう。

そのような、社会から競争の気力を削いでしまう独占は、もっと大きな力で規制をしなければいけません。紀州のドンファンによるお嫁さんの独占を阻むには、「重婚を禁止する法律」が必要です。よって実際の社会においても、健全な市場メカニズムを維持するために**独占禁止法**などの法律が作られ、市場は保護されているのです。各国の政府には、普段は市場を温かく見守るだけだけど、市場が健全に動いていない時にはしっかり介入して健全化を推し進める、という役割があるのです。

さて、実はもっと根本的な、「市場メカニズムが働くための条件」があります。これがなければ市場メカニズムは機能しないというもの。

その条件とは、市場が存在する地域の経済体制が、**資本主義である**ということです。「資本」という言葉はとても広い対象を含みますが、会社を作り、物やサービスを生産する時に必要となる材料……、資本金であったり機械であったり工場であったり土地であったり、「働く人」も資本です。

そういう様々な資本を人々が私有することや、資本をもとに生産した商品を自由に売買することが許される仕組みが資本主義です。……えっ、難しい？

資本主義を理解するためには、**資本主義じゃないほう**を理解するほうが早いかもしれま

カール・マルクス
(1818-1883)

ドイツの経済学者。
共産主義・社会主義の祖。
主な著作は、『資本論』。

せん。では「資本主義じゃないほう」は何主義かというと、**社会主義**です。社会主義を理解した上で、**「社会主義じゃないやつが資本主義」**と考えれば、資本主義についてもピンとくるのではないかと思います。……ちなみに、「民主主義」というのは政治の仕組みなので、経済体制を表す「社会主義」「資本主義」とは違う区分の言葉になります。民主主義の反対は社会主義ではなく、「独裁政治」です。

そんなわけで、まずは社会主義についてざっとその大枠を解説してみたいと思います。

歴史の流れで見れば、社会主義は、**資本主義への抵抗**として作り出されたシステムです。先にできたのは資本主義、後でできたのが社会主義。

資本主義社会においては、起業したり物を売ったり買ったり安売り競争をしたり、各人が自由に経済活動を行うことが許されています。しかし、「資本主義社会では人々が不幸になる」と考えた人物がいました。それが19世紀のドイツの経済学者**マルクス**です。

マルクスは「経済が人間の欲望のまま自由に行われてしまったら、庶民が苦しむことになる！　金儲けしか考えない資本家のせいで、労働者は低賃金で奴隷のように働かされ！　物価も不当につり上げられて民の暮らしは乱れるばかり！　悪徳企業が世にはびこって、ひと～つ人の世、生き血をすすり！　ふた～つ不埒な悪行三昧！　みっつ醜い浮き世の鬼を!!（以下略）」というように、自由な経済活動は強欲な資本家を生み、資本主義の下では一部の成功者以外はまったく幸せになれないと訴えました（台詞は多少の誇張あり）。

たしかに、21世紀の現代でも格差だとかブラック労働が大きな問題になっているわけで、それが労働基準法もなければ人権意識も薄い百数十年前、どんな過酷な労働を労働者が強いられていたかは想像に難くありません。

そこでマルクスは、そんな不平等な状態を解消するために、**「物の値段も生産量も労働者の給料も、すべて国が決める」**という仕組みを提唱しました。これが社会主義です。

つまり、強欲な者や無知な者を自由にさせておいては悪徳資本家がはびこる弱肉強食の世界になってしまうので、それよりも**経済はすべて国が管理**、会社もすべて国営企業にし、選ばれた労働者の代表が「なにを作るか」「どれだけ作るか」「いくらで売るか」「何人雇っていくら払うか」を徹底的に計画して、その通り実行することが最もよいことだと主張したのです。

もちろん資本家がみんな悪人だというわけではありません。しかし資本主義の下で自由競争が行われると、企業として生き残るためにはどうしても重労働を強いたり人件費を削減したり、労働者側からすると悪人に見えるような振る舞いも資本家はとらざるを得なくなります。ならば、そもそも国が商品の生産量も値段も給料も管理すれば、「競争のために値段を下げる」「競争のために人件費を下げる」という発想自体が不要になります。資本主義の原則は「自由」ですが、社会主義は「平等」を第一に掲げた経済体制なのです。

それでは、その平等を第一目的とした経済システム・社会主義が採用された国々では実際にどんなことが起こったか、経済はどのように変わっていったのか。それを次の章で見ていきたいと思います。

07

# 社会主義経済

マルクスさん……毛さん金さんレーニンさん……、
おまんら、国民の身勝手さをナメたらいかんぜよ!!

市場から「食うか食われるか」のギスギスした競争を追放することで物価の変動を防ぎ、過酷な労働環境を改善したい。そのためには資本をすべて国の所有とし、なにをどれだけ作っていくらで売るか、給料はいくら払うかを国が徹底的に管理する。「身勝手な庶民」や「無知な庶民」ではなく、経済に精通したエリートが全体を見渡して計画することによって、あらゆる経済活動は平穏に行われ、貧困や格差のない平等な社会が築けるはずである。

そんな華々しい理想とともに、社会主義経済はスタートしました。果たして社会主義は狙い通り、社会に平穏と平等をもたらすことができたのでしょうか？　新しい経済体制は成功をおさめることができたのでしょうか？

では早速具体的に見ていきますと、社会主義経済を採用したのは、かつての中国やソ連、ユーゴスラビアにリビアにキューバ、北朝鮮などの国々です。

なるほどこうして国名を眺めてみると、**明らかに失敗やないかっ!!! 国のリスト見るだけで大失敗の気配しかないわっっ!!! どう見ても平穏と平等から程遠い国々!! 物々しい輩《やから》たち!!**

………………。

申し訳ございません。**取り乱しました。**

まあ、周知の通りではございますが、社会主義経済は、**軒並み失敗しました。**

右の国々で言えば、ソ連とユーゴスラビアは国が分裂し、北朝鮮は現在進行形で国民が餓え、中国とリビアはほぼ資本主義に戻り、今でもかろうじて社会主義を保っているのはキューバくらいです。

では「失敗」とはいったいどういう状況なのか？についてですが、社会主義経済がもたらした最大の悲劇は、**国民が働かなくなった**ということです。「身勝手な国民になど任せておけん！」とエリートが才知を結集して完璧に平等な経済を構築したはずが、**国民の身勝手さは、エリートの予測のずっと上を行っていた**のでした。

というかエリートたちは、エリートのくせに「競争がなくなったら世の中はどうなるか」

を全然予想できていなかった。てことは、別にエリートでもなんでもないんですよ社会主義国でトップに立っていた連中は。そんなことも予想できないんだから。

社会主義国の特徴的な制度に、「集団農場」があります。

なにしろ「平等こそ絶対」なのが社会主義ですので、ソ連も中国も北朝鮮も、土地はすべて国のものです。もし土地の私有を許してしまったら、持つ者と持たざる者の格差が生まれ、平等ではなくなってしまうのですから。

よってもともと土地を持っている裕福な地主や農民がいたら、国が追放するなり殺すなり(!)して強制的に取り上げます。そして農地をすべて国有としたところで、国家の上層部(エリートもどき)が緻密に生産計画を立てます。農業従事者もみんなで同じ作業をする公務員となり、共同の目標に向けて共同の土地を共同の道具で耕し共同の農作物を育てます。同じ給料をもらい、同じ食堂で同じ賄い飯を食べながら。そして収穫物は国に納め、全員で平等に分配するのです。これこそまさに理想的な平等社会!

……と、そのような、社会主義を体現したかのような見事な集団農場の制度を取り入れたところ、なんと！　開始からほどなくして、**劇的に農業生産性が低下しました。**

なぜならば、労働者が、**やる気がなくなったから。**

全従業員が公務員である集団農場の特徴は、**どれだけ働いても給料が同じ**ということです。

個人で農業　　集団農場

みんながんばるから
**生産性UP↑**

みんなサボるから
**生産性DOWN↓**

たとえしゃかりきに働いていつもより収穫を増やしても、その成果は国に押収されて全員に平等に分配されます。おまけに常に共同作業ですので、自分一人ががんばっても誰かがサボればグループとしての成果はプラスマイナスゼロです。がんばった人間もサボった人間も同じ食堂で同じ賄い飯を食べ、同じ給料をもらう。個人個人の仕事量が違っても、報酬は常に平等。そんな環境で、いったい誰が必死に働こうと思うでしょうか？

これは、社会主義経済を経験したことのない私たちでも、思い当たる節はあるのではないかと思います。例えば、**アルバイトと自営業のやる気の違い**、そんなところに「社会主義経済と資本主義経済の労働意欲の差」の構図がよく現れるのではないでしょうか。

たまたま両方とも経験している私自身の例で言いますと、私は20代の頃長らく、アルバイトや派遣社員という「時給制」の仕事をしていました。

この時給制というのはある意味で社会主義的と言える制度です。なにしろ、一生懸命仕事をしても、一生懸命仕事を**する雰囲気を出しながらまとめサイトを読みあさっていても、**1時間にもらえる金額は同じなのです(バレなければ)。

以前「カスタマーサポートセンター」という、お客さんからの電話を受ける部署で働いていたことがあります。そこも時給制のお仕事で、私は数十人のグループの一員として、同僚スタッフたちと同じ業務をこなしていました。ただただ、かかってくる問い合わせの電話を受ける。

そんな時、「応答待ち人数」つまり「電話口で待たされているお客さんの数」が蓄積されてくると、真面目なスタッフさんは「よーし自分がどんどん電話をさばいて、待ち人数を0にしてやるぞ！」と張り切るわけです。

一方私の場合は、「よーし自分がどんどん電話をさばいて、待ち人数を0にしてやるぞ！　腕が鳴るぜ！　まずはトイレに行って体調を整えて、それからガンガン電話をさばいてやる！　ひとまずゆっくりトイレに行かせてもらうけど、その後で驚異のパフォーマンスをお見舞いしてやるからな‼　よーしがんばるぞ、トイレに必要以上にゆっくり行ってから‼　エイエイ、オーー‼」と気合いを入れて席を立ち、お手洗いの個室にこもると**瞑想と**

**イメージトレーニング**を開始、迫りくる電話団との命がけの戦いに備えて**十分に英気を養う**という行動に出ていました。

しかしそんなふうに必死で瞑想を終え、準備万端の戦闘態勢で席に戻るとあら不思議、その頃には私が一切手を下さずとも、待ち人数はすっかり解消されているのでした。他の真面目なスタッフさんたちのがんばりによって。あーあ、せっかく入念なウォーミングアップをしてきたのに、張り合いがないなあ。

…………。

はい。そうです。私は……、**サボってました。**逃げてました。仕事の前線から。

そりゃそういう態度にもなりますよ、だって、**がんばってもがんばらなくても時給は変わらないんですから。**

私たち派遣社員には、**結果の平等が保証されているんです。**たとえ自分がサボっても、みんなが少しずつカバーしてくれれば仕事は終わる。そして同じ給料がもらえ、同じ福利厚生が受けられる。だとしたら、誰が好き好んで率先してクレームの電話なんか受けようと思いますか？　**効用が低いんですよそんながんばりは！　我々国民の身勝手さを見くびらないでいただきたい!!**

まあまあ、よくはないですよ。私も、自分の行為が最低だってことはわかってるんです。

経営者だったらきっと私を絞め殺したくなることでしょう。私なんて「こんな大人になってはいけない」の代表例、見習ってはいけない典型的なダメ人間、**反面教師界の金八先生**、それが私ですから。阪急東宝グループ（現阪急阪神東宝グループ）創業者の小林一三さんは「下足番を命じられたら、日本一の下足番になってみろ。そうしたら、誰も君を下足番にしておかぬ」とおっしゃったそうです。みなさんもぜひこの言葉を心に刻んでください。そうすればどんな小さな仕事にも、全力で臨もうという気持ちになるはずですから。私もずっとこの言葉を座右の銘にしていますが、仕事ではよく手を抜いていました。

まあ……、悪いのは僕じゃないんです。**システムですよ悪いのは。**社会主義国の人々だって、働かなくなったのは彼らが怠け者だったからではありません。**社会主義という経済システムが、人々を怠け者にしてしまったんです。**私だって同じですよ。私自身が怠け者なわけではない。時給というシステムが私をダメ人間に、反面教師界の鬼塚英吉（人呼んでGTO）にしてしまったのです。

その証拠に、**作家になってからは、いきなり真面目に働くようになりましたからね。**

作家という職業は言うまでもなく自営業、そして自営業は「なにをやるか、どれだけやるかは自由」な世界です。ただし、結果の平等は保証されない。自分のやったことはすべて自分に還ってくる。**資本主義の世界**です。仮に私が執筆に行き詰まったとして、そこでトイレに逃げ込んで瞑想をしても、まとめサイトで時間を潰して戻ってきても、同僚が原稿を進めてくれているということは絶対にありません。決まった給料はなく、報酬はすべて自分次第。そんな環境に置かれれば、逆GTOといえども必然的に熱心に働くようになるというものです。

SNSなんかを見ていても、この傾向はよく表れています。ネットに会社の愚痴を書き込む人は数多けれど、経営者が仕事の愚痴をグチグチ書いているのはまず見かけません。だいたい起業家の方は愚痴なんかとはほど遠い、気持ち悪いくらい意識の高い**熱血仕事観**みたいな書き込みをよくしているでしょう。それが資本主義的な労働意欲の表れです。

だいぶ単純化はしましたが、これが社会主義経済の下と、資本主義経済の下での労働意欲の差です。同じ人間でも、所属する経済システムが変われば意識も大きく変わってしまうという。

結局社会主義国では経済エリートが計画を立てたにもかかわらず、集団農場は失敗、ソ連も中国も北朝鮮も、食料不足に襲われてとんでもない数の餓死者を出すことになりました。農業というのは特に天候などのトラブルで突発的な対処が求められるお仕事です。でもがんばってもがんばらなくても報酬が同じなら、誰が吹雪から麦を守るために夜中に農場に出て行こうとするでしょうか？　そんなことは、自分以外の誰かがやればいいんです。

農業だけでなくあらゆる生産活動が同じ形で行われたため、社会主義国では産業の国際競争力もまた落ち込むことになりました。

「国際競争力」とはいうものの、そもそも社会主義国は競争を排除する社会です。クラスに30人の生徒がいるとして、資本主義国ではよーいドンで競走をし、早い生徒と遅い生徒の差ができる。それを社会主義国は、クラス全員が横に並んで足を結び、30人31脚でゴールを目指すんです。

すると社会主義クラスでは、成果であるゴールタイムは**最も遅い生徒の記録と同じ**になります。一番足が速くて競走力のある生徒にも、ゆっくり走ることを強要するのが社会主義です。その状態で勝負して、社会主義クラスが資本主義クラスに勝てるわけありませんよね。社会主義の下でウォルト・ディズニーやスティーブ・ジョブズの足を結び、単純作業をさせ続けていたら、ミッキーマウスやiPhoneは生まれたでしょうか?

さらにもうひとつ、社会主義には大きな弊害があります。それは、社会主義国では**表現の自由がなくなる**ということです。

前述の通り社会主義経済ではどうしても生産性が低下し、資本主義国に比べて貧乏に(平等に貧乏に)なってしまう傾向があります。そんな時に国民に自由に情報を与えてしまったら、「あっ、他の国ではあんな美味しそうな物食べてる! すごい燃費のいい車に乗っててる！　みんな高性能のスマホ持ってるしディズニーの映画も楽しそう!!　それに比べて、なんだ我が国の不便さは……食べ物はないし服はダサイし映画も『我ら党員　父は気高き毛沢東』とか**クソつまらんわっっ!!!**　これは、政治家が社会主義なんて変なのを持ち込んだせいじゃないか!?　よーし……、**打倒だ!!**」というように、民衆の不満を煽ってしまう可能性があります。そうならないよう、権力者が体制を維持するため、社会主義国では言論が封殺され情報統制が敷かれるようになるのです。

今では中国はGDP世界第2位という経済大国になっていますが、なぜそんなにも経済成長を遂げることができたかというと、**社会主義をやめたから**です。毛沢東の時代には4000万人ともいわれる餓死者を出し経済崩壊していた中国ですが、集団農場を廃止し、「自分で作った農作物は自由にしていい」という方針に切り替えた途端、人民はやる気MAXの確率変動状態になりあっという間に食料不足は解消、とんでもない経済成長を見せたのでした。

社会主義の失敗からは、「機会の平等」ではなく「結果の平等」を約束してしまうことがいかに愚かなことか、そして競争というものがいかに人間を成長させるかがよくわかります。私たちも、人としての競争力を失わないために自分をどんな環境に置くのがいいか、しっかり考えるようにしたいものですね。

# 08 銀行と信用創造

銀行のお仕事について、
民泊と殺人事件を引き合いに出しつつお話しします。

例えばみなさんが、一定期間なにかの事情で……旅行なり留学なり千日回峰行に挑戦するためなり、なにかの事情でしばらく家を空けることになったとしましょう。数週間であれ数年であれ、その間あなたの家や部屋は無人になります。
その時、どうでしょう？　どうせ使わないのなら、空の部屋を誰かに貸しておいたほうがいいと思いませんか？　どうせ遊ばせておくだけなら、その期間誰かに有効活用してもらい、部屋のレンタル料をもらったほうがお得だと思いませんか？　そうすれば自分も助かり、たまたま部屋を必要としていた誰かも助かります。

実際に最近ではインターネットを通じて相手を探し、旅行者などに個人的に部屋を貸し出す(あるいは借りる)、いわゆる**民泊**という方式も浸透しつつあります。……そう、**時々殺人事件が起こることでおなじみの民泊**です。

まあ時々殺人は起こりますが、全体からすればそんな大事件の発生確率は1%以下でしょうから、もしみなさんが民泊を利用することになっても心配はしなくていいと思います。きっとみなさんは大丈夫ですよ(根拠なし)!

ともあれ、このように「使わない部屋」というものは、**時々殺人事件が起こることにさえ目をつぶれば**、使わない期間は誰かに貸しておいたほうがお得です。……そして。このことは、**「お金」に関してもまったく同じことが言えるのです。**というより、私たちはお金においては同じことを**すでにやっています。**それが、銀行を介した金融の仕組みです。

私たちはたいてい、お給料やお小遣いを一度には使いきらず、いくらか貯めておきますよね? 将来のために。

でもどうでしょう? どうせ使わないのなら、そのお金を誰かに貸しておいたほうがいいと思いませんか? どうせ遊ばせておくだけなら、その期間誰かに有効活用してもらい、お金のレンタル料をもらったほうがお得だと思いませんか? そうすれば自分も助かり、またまたお金を必要としていた誰かも助かります。

使わない部屋を貸す時と、使わないお金を貸す時。やっていることは同じです。ただしお金の場合は民泊のように貸し手と借り手が直接やり取りをするのではなく、間に銀行が入ります。私たちはしばらく使う予定のないお金を銀行に預金しますが、銀行は、**そうして集まった預金を「お金を必要としている誰か」に貸し出します。**例えば資本（お金、工場、機械など）を必要としている企業や、住宅ローンを組む個人などに。

そして銀行は、預金者から集めたお金を貸し出して、お金のレンタル料……つまり**利息**を取るのです。そこで得た利息から銀行の取り分を差し引いて、元のお金の持ち主……つまり私たち預金者に、レンタル料の分け前を還元します。それが銀行にお金を預けると利息がつく仕組みであり、銀行が利益を上げられる理由です。私たちは銀行にお金を預けることで、知らず知らずのうちに誰かにそのお金を貸し出し、レンタル料を得ているのです。

ただ、ひょっとしたら「レンタル料を銀行に中抜きされるなんて納得いかない！　どうせ貸すなら、民泊みたいに直接相手を探したい！」と思われる方もいるかもしれません。たしかに、私たちが民泊のように直接借り手を見つけてお金を貸すことができれば、もっとたくさんの利息が得られるはずです。

でも、考えてみてください。民泊では個人がバラバラに行動している結果、貸し手も借り手も相手の素性を見抜けずに、時々犯罪や殺人事件が起こってしまうのです。先ほど「使わない部屋は、時々殺人事件が起こることにさえ目をつぶれば、誰かに貸したほうが得」と書きましたが、武神・関羽が長刀《なぎなた》を振るうごとに50人ずつ死んでいく三国志の時代ならいざ知らず、人の命が割と大事なこの21世紀においては、時々殺人事件が起こることに**なかなか目をつぶれるものではありません。**むしろそのリスクにこそ大いに刮目《かつもく》して向き合いたいところです。

やはり民泊においては、相手が善人なのか、それとも人を殺すような極悪人なのかを見極めるのは難しい。……いえ、三国志の中では、主君が領地の民家に宿泊した際、部屋の主である善良な農民が、食料不足のため**自分の嫁を殺してその肉でご馳走を作り、主君をもてなした**という名場面がありましたので、**たとえ善良な人間しかいなかろうが、民泊にはどうしても殺人が絡んで来てしまう**ものなのです(涙)。

部屋の貸し借りですらそうなのですから、もしお金の貸し借りを個人が自由にやってしまったらどうなるか？　なにせ、そういう仕組みがあるわけでもないのに、**お金が原因の殺人事件はすでに頻繁に起こっています。**お金とはそういうもの。この上もしお金においても民泊のような方式が広がってしまったら、日本の治安は三国志の時代なみに悪化、人権は蹂躙され旦那は嫁を食い嫁は旦那と姑を食い、魑魅魍魎《ちみもうりょう》や悪鬼羅刹《あっきらせつ》が跳梁跋扈《ちょうりょうばっこ》する百鬼夜行奇々怪々虎擲竜挐《こてきりょうだ》な世界になってしまうことでしょう。

とまあそんな世紀末状態に陥るのを阻み、みんなが安心してやり取りができるように、お金の場合は銀行という信頼のおける第三者を間に挟むのです。おかげで私たちは貸出先の魑魅魍魎や狐狸《こり》妖怪と直接顔を合わせる必要もなくなりますし、そもそも銀行はしっかり審査をしますので、トラブルも未然に防ぐことができるのです。

さて、銀行の仲立ちのおかげで預金者は利息を得ることができ、また借りる側も必要な資金を得られるわけですが、この流れの中で銀行は経済的にもうひとつ重要な役割を果たしています。それが、**信用創造**です。

信用創造というのは、簡単に言うと**世の中のお金の量を増やすこと**です。ただ単に「使わないお金を有効に利用する」という話ではありません。世の中に出回るお金の量が、銀行が仲介することでまるで魔法のようにどんどん増えていくのです。

単純な例を考えてみます。例えばあなたが銀行に1000万円を預金したとしましょう。そしてその1000万円が、銀行を介して「ソヨタ自動車」という会社に貸し出されたとします。

さて。**この時点でもうお金の量が2倍に増えている**ということに、お気づきになりますでしょうか？

あなたは銀行に1000万円を預けているわけなので、預金通帳には「1000万円」

が記帳されています。ということは当たり前ですが、「あなたは1000万円を持っている」ということです。

ところが、銀行がその1000万円をソヨタ自動車に貸し出したことで、**ソヨタ自動車の資産もまた1000万円分増えている**のです。あなたは変わらず口座に1000万円を持ったままですが、ソヨタ自動車もまた銀行から借り入れた1000万円を持っている。「お金の総量」を考えると、2者が持つお金の合計は2000万円。つまり、**銀行の仲介を経てお金の量が倍に増えている**ことになります。

これが信用創造です。銀行が間に入ってお金の貸し借りが行われると、世の中のお金の総量(「マネーストック」とも言います)が増えていく。

信用創造のすごいところは、お金が増える量が**2倍どころではない**ということです。引き続きソヨタ自動車の例で考えてみますが、そもそも「ソヨタ自動車が銀行からお金を借りる」といっても、そのお金は現金で渡されるわけではなく、ほとんどの場合はソヨタ自動車の銀行口座に入金されることになります。そして、そのお金をソヨタ自動車がすぐに全額引き出さないならば、それは「ソヨタ自動車が銀行に1000万円を預けている」という状態になります。

するとどうなるか……？　そうです。**また銀行は、そのお金を誰かに貸せる**のです。ソヨタ自動車が口座に預けているお金を、銀行は今度は**サマダ電機に貸し出すことができる。**その時のお金の総量は、あなたの口座に1000万円、ソヨタ自動車の口座に1000万円、サマダ電機の口座に1000万円、合計で3000万円です。さらにサマダ電機が預けたお金を銀行がサトーヨーカドーに貸し出せば、またお金の総量は増えて4000万円となります。物理的には1000万円しか存在しなかったはずのお金が、信用創造を経ることで4倍にも増えてしまうのです。

ただ、このお金の分身の仕方はある種まやかしに見えるかもしれず、もしかすると「流れはなんとなくわかったけど、**それでなんかいいことあるの?**」と疑問を持たれる方もいるかもしれません。

ではイメージをはっきりさせるために、お金とは別のもので信用創造を例えてみることにしましょう。そう……、例えば、**人間関係で**信用創造が起こったらどうなるでしょうか?

あるオシャレレストランに、A子ちゃん、B子ちゃん、C子ちゃん、D子ちゃんの4人が集まり、女子会を開催していたとしましょう。今時のオシャレ女子な4人は食の好みもオシャレであり、「キッシュ」などという美味とインスタ映えを兼ね備えた料理を好む女性たち、今日も今日とて「美味しいキッシュがある」という評判のレストランに彼女たちはスマホを携えて集まったのです。

ひとしきり評判のキッシュを撮影しSNSへの投稿も済ませると、やはり女子だけあって恋愛話に花が咲きます。

なんでも、A子ちゃんはつい先週新しい彼氏ができたばかりでウキウキのご様子。一方B子ちゃんは、ボーイフレンドが最近仕事で忙しく、なかなか構ってもらえないと落ち込んでいます。C子ちゃんは2年もつき合っている彼と時々ケンカはするものの、基本的には安定した交際を続けているとのこと。そしてD子ちゃんはなんと先月婚約をしたそうで、無意識のうちに薬指の指輪を友人たちに見せつけて、内心大いなる顰蹙《ひんしゅく》を買っています。

……そんなふうに、女子会は進行していました。

さて。現在この女子会において、「恋愛トークの中で話題に上っている男性の数」は、普通に考えると4人だと想定されます。つまりA子ちゃんの彼氏、B子ちゃんの彼氏、C子ちゃんの彼氏、D子ちゃんの彼氏です。

ところが……。もし、みんなが別の人物だと想定している4人の彼氏が、**実は同一人物だったとしたら？** 4人はそれぞれ違う男性のことを話しているつもりなのに、**実はどの女性の彼氏も、狙った獲物を手作りキッシュで落としまくることで有名な、通称「キッシュのドンファン」こと多股翔《たまたかける》くんだったとしたら？**

そう。悲しいことに彼女たちは、稀代のプレイボーイ多股翔くんによって一人ずつワンバイワン、「うちに手作りキッシュ食べにこない？」と甘い言葉で誘われて結果自分たちこそが食べられてしまうという、キッシュのドンファンによる多股交際被害者のみなさんだったのです。

仮にその状況が発生しているとしたら、この場においては**キッシュのドンファンこと多股翔くんの信用創造が行われている**ことになります。物理的には一人しか存在しなかったはずの多股翔くんが、女性たちの信用を得ることで、つまり信用創造を経ることで4人にまで増えている。信用創造によって、**世の中の多股翔くんの総量が4倍に増えている**のです。

そこで先ほどの疑問、「それでなんかいいことあるの？」について考えてみましょう。

多股翔くんが4倍に増えたことで、ABCD子ちゃんになにが起こったか？　……単純なことです。**みんなハッピーになっている。**もしも多股くんの総量が一人のままだとしたら、彼氏ができてハッピーになれる女子も一人だけです。ところがそれぞれの女子からうまく信用されることで、多股くんの実体は増殖し、**4倍もの女性をハッピーにしています。**全員が彼氏持ちとなれば気兼ねなくのろけ話もできますし、おかげで女子会はとっても盛り上がります。

お金の信用創造においても、メリットは同じです。

そうです。1000万円を一人だけが持っているより、**4人とも持っているほうがよりハ**

# 女子会で起きた信用創造

**ッピーになれる。**全員がお金持ちとなれば気兼ねなく商売ができますし、経済はとっても盛り上がります。

景気の「気」は気分の「気」であり、みんながハッピーな気分で経済活動に臨めることはとても大事です。なおかつお金の信用創造では、**不幸になる人がいない。**これが多股くんの場合ですと4人の女性が真実を知り我に返った瞬間多股くんに危険が及び、**民泊でもないのに殺人事件が発生する**という可能性もあります。ですがことお金の場合は、ちゃんと信用創造を理解し現実に向かい合ってなお、みんなハッピーのままでいられるのです。

ただし、「人々の信用によって成り立っている」という点ではどちらの信用創造にも変わりはなく、多股くんがひとたび信用を失った途端に破滅を迎えるように、銀行もまたひとたび顧客からの信用を失ってしまったら、預金者が一斉にお金を引き出そうとする……いわゆる取り付け騒ぎが起き、倒産してしまうこともあります。

厳密に言えば、銀行は「預金準備率」といって預金のうち一定割合は保持しておくように法律で定められているため、無限にお金を増やせるわけではありません。また、お金の信用創造は「金融政策」という景気対策の手段にもかかわってくるのですが、それについてはまた後の章で解説したいと思います。

それでは次は、日本銀行についての解説です。

09

# 日本銀行の役割

偽札を使ってみた経験を赤裸々に書きますけど、
絶対誰にも言わないでね!!

「日本銀行」は普通の銀行とは違うものだということは、みなさんもご存じかと思います。駅前で支店を見かけることもほとんどないですし、刑事ドラマなんかでも**日本銀行に押し入っている銀行強盗**が描かれることはまずありません。

なにしろ日本銀行は並の銀行ではなく、セキュリティも堅牢です。もし本気で日本銀行を標的にするなら、悪党の側もそのへんのごろつきではなく**トム・クルーズのチーム**でも雇わないととても侵入はできないでしょう。ただし、仮に雇ったところで**盗める金額よりトム・クルーズに払うギャラのほうが高くつきそう**なので、それも有効とは言えなさそうです。

日本銀行……略して日銀は、普通の銀行のように個人から預金を集めたり、企業にお金を貸し出したりはしません。では、日銀はいったいなにをするところなのか？

日銀の役割はいくつかありますが、ひとつはよく知られているもので、**「紙幣を発行する」**ことです。日本の紙幣の正式名称は「日本銀行券」であり、円のお札を刷ることができるのは世界で唯一、日銀だけです。

外国のお金と比べるとよくわかりますが、日本の紙幣って「しっかりしてる感」がすごいんですよね。日本では、しわくちゃになったお札を目にすることなんてほとんどありません。出合う紙幣はどれもそこそこピンピンしており、自動販売機の信頼感も相まって、私たちはジュースを買う時になんのためらいもなくお札を投入できます。

これが海外だとどうか？　海外では、紙幣の素材の問題もあるでしょうし、人々が裸でポケットに入れたりと雑に扱うせいもあって、シワだらけだったり破れていたり書き込みがあったりするものも珍しくありません。

外国では仮に自動販売機にお札の投入口があったとしても、そこに紙幣を入れるというのは**黒ひげ危機一発の樽に剣をさすくらいのドキドキの行動**です。だって……、**無事にここから品物が出てくるとは、到底思えないんですよ。**紙幣が認識される気もしないし、自販機がちゃんと稼働しているかすら怪しい。先進国だとしてもそうです。例えばアメリカのうらぶれたバスターミナルにあるスナックの自動販売機とか、紙幣を入れても「最悪!! チョコバーも出てこないしお金も吸い込まれた！　どうなってんのっっ!!」と自分が困惑している未来しかイメージできず、どんなに腹ペコだろうともお札を入れる気にはなりません。こんな怪しい投入口にお金を託すくらいなら、**その10ドル札をそのまま食ったほうがまだ腹の足しになるのではないか**と思うほど、海外の自販機というのは信用ならぬものです(個人の感想です)。

だいたい、しわくちゃすぎて入っていかないしね。あまりにふにゃふにゃすぎて、**投入口に噛ませられる最低レベルの弾力すら保っていない紙幣**も多いんです海外では。おまえはティッシュかっっっ。

その点日本の紙幣は古くなったり傷んだものは早い段階で回収されますし、読み取る機器の精度も高く、私たちはハラハラせずに1000円札を自販機に入れることができます。

また、**偽札が少ない**というのも、日本の紙幣の特徴ではないでしょうか。日本のお店で支払いのため1万円札を出して、店員さんに透かしをじっくり調べられたり、そもそも受け取りを拒否されるということはまずありません。しかしそれも海外ではよくあることで、アメリカや中国などではレジに「高額紙幣お断り」の表示があったり、あるいは100ドル札や100元札を渡すとあからさまに不信がられ、他の店員さんまで出てきて「これ偽札じゃなぁい？　本物かねえ？　あんたどう思う？」と**長々とスタッフ会議が開かれその間ずっと待たされる**ということも日常茶飯事です。

それだけドルも元も、偽札が多く出回っているということです。私が中国を旅していた時には、中国銀行の店舗ＡＴＭから**１００元札の偽札**が出てきたことがありました。なぜ偽札だとわかったかというと、私自身はすっかり本物だと信じ込んでいたのですが（当たり前だろＡＴＭから出てきたんだからっ）、何度そのお札で支払いをしようとしても、漏れなく店員さんに**「おいテメエこれ偽札じゃねぇか!!　受け取れるかこんなものっ!!」**と突き返されたからです。しばしば騒ぎを聞きつけた他の店員さんもやって来て、「ヒソヒソ……あいつが偽札使おうとしたの？　あいやー、たしかに偽札犯っぽい顔してるネ……お札のシワにも顔のシワにも偽物感がにじみ出てるネ……存在自体がフェイクニュースって顔してるよネ……ヒソヒソ……」と後ろ指をさされたりもします。**なぜ俺がっ!!　バカッ（涙）!!**

でも、それでも通報されることは一度もなかったし、けれどどの商店の人も必ず偽札を見破ってくる、ということはつまり、それほど中国では偽札がよく出回っているということです。

ちなみにさすがに私もぶち切れたので、その後「おたくのＡＴＭから偽札が出てきたんだけどっ!!　本物と交換してよっっ!!」と、中国銀行の窓口へ殴り込みに行きました。ところが、頭の堅い行員さんはまったく取り合ってくれないんです。行員さんいわく、「交換できるわけないじゃん！　え？　じゃああんたの国の銀行では、偽札を持っていって『本物と交換してくれ』と頼んだら、交換してくれるの？」とのことなのです。

うーん……、**ごもっとも!!!　あなたの言うことはしごくごもっとも!!　極めて真っ当!!!**　たしかに、偽札を本物と交換してくれる銀行などこの世に一行たりともあるわけがない!!　それはあなたのおっしゃる通り、**でも納得はできんっ!!**　俺はただ健気にATMからクレットカードでキャッシングしただけなのに、100元を失い偽札犯の責め苦も負い!!!　なんだこの不平等!!　あんたら平等をなにより重んじる社会主義国のくせに（経済体制は資本主義に切り替わったが名目上はまだ社会主義国を名乗っている）!!!

……………。

ともかく、これくらい海外では偽札が横行しているのです。もし日本の銀行に偽1万円札を持っていき、「これ偽札なんだけど、本物と交換してくれない？」などと頼んだら、その場でとっ捕まるはずです。ということはそれだけ日本では日銀の主導により紙幣の管理、運用、偽造対策がしっかり行われているということなのです。

なお、中国銀行は国の名前を冠してはいますが、日銀と違いお金を刷る資格を持った銀行ではありません。「紙幣を印刷することができる銀行」のことを**中央銀行**と呼びますが、日銀と同じ働きをする中央銀行は中国では中国人民銀行、アメリカでは連邦準備制度理事会（FRB）、ユーロ圏では欧州中央銀行（ECB）、イギリスではイングランド銀行、韓国では韓国銀行、等となります。なお紙幣を発行する行為には「お金の流通量と金利を調節して景気をコントロールする」という意味合いもあるのですが、その説明については後の章に譲りたいと思います。

と、ここまでが日銀の役割のひとつ目、「紙幣を発行する」です。教科書ふうの言葉を使うと「発券銀行」という表現にもなります。

そして次ですが、日銀には**「政府の銀行」**としての役割があります。日本政府の予算……内訳は国民が納めた税金と国債（これも後で説明するよ♡）の代金ですが、その予算は日銀に預けられ、管理されます。要は、普通の銀行が個人を顧客にするのに対して、**政府を相手に銀行業務を行う**のが日本銀行です。

さらに次です。日銀の3つ目の役割が、**「銀行の銀行」**です。

日銀には個人は預金することができませんが、その代わり、各銀行がその銀行の口座を日銀に持っています。前章の最後で「預金準備率」について触れましたが、それぞれの銀行は、自行に預けられた預金のうち一定の割合を日銀の口座に保持しておくことが定められています。日本のすべての銀行は日銀に口座を持っているため、銀行同士のお金の貸し

# 日本銀行の役割

1.　紙幣の発行

2.　政府の銀行

3.　銀行の銀行

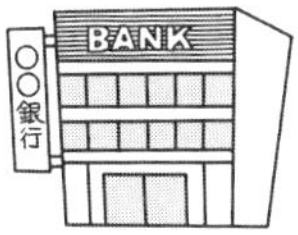


借りや、他行への振り込みなど決済手続きがスムーズにできるのです。

　さらに引き続き「銀行の銀行」の役割として、ある銀行が経営危機に陥った場合、**日銀がその銀行にお金を貸して手助けする**こともあります。

　前章で説明したように、銀行は預金者から集めたお金を企業などに貸し出しています。しかも、信用創造によって貸出額が何重にも膨らんでいる場合がある。そんな時に、たまたま大勢の預金者が同時にお金を引き出そうとしたらどうなるでしょうか？　銀行はすでに預金を第三者に貸し出してしまっているので、全員に要求通りの金額を返すことはできません。だからといって、一度「銀行に預けておいたお金が引き出せない」という状況が発生してしまったら、銀行は信用を失い顧客はパニック、取り付け騒ぎが起こり倒産の危機です。あるいは単純に銀行が企業などに貸したお金をうまく回収できず、経営が危うくなる場合もあります。

そんな時に、銀行が潰れるのを防ぐため、日銀は資金を貸し出して銀行を助けるのです。このことにより日銀は**「最後の貸し手」**と呼ばれることもあります。

この3つ目の役割に関して「例えば」を考えるならば、私は日銀というのは、**校長先生のような存在**だと思っています。

日本銀行は「銀行」という名こそついているけれど、普通の銀行と違ってなにをやっているのかよくわからない。しかしその実、リーダーとして銀行を統率し、時には困っている銀行を助けながら健全な経済を運営していく。そういう特別な役割を担った銀行が日本銀行です。一方校長先生も、「先生」という名こそついているけれど、普通の先生と違ってなにをやっているのかよくわからない。しかしその実、リーダーとして先生を統率し、時には困っている先生を助けながら健全な学校を運営していく。そういう特別な役割を担った先生が校長先生です。

日銀の「最後の貸し手」の振る舞いについて、「銀行だっていちいち企業だろう。経営が傾くのは自己責任、なんでいちいち助けるんだ！　放っておけばいいじゃないか！」という意見もあるかと思います。

ところが、銀行の世界はそう簡単にいかないのです。

これも学校で考えてみます。仮にさくら中学のいちクラス、3年B組が学級崩壊寸前になったとしましょう。3年B組の担任は私さくら剛、人呼んで「反面教師界の金八先生」です。なにしろ担任がダメ人間なので生徒は暴れ授業は荒れ、もうこのクラスは持ちそうにない。このままでは崩壊も時間の問題だ。……という時に、さくら中学の校長先生が「なに、崩壊寸前!? ほうかいほうかい、そんなもの担任の自己責任だ！ 自業自得、放っておけ!!」とB組を見捨ててしまったら、学校はどうなるでしょうか？

3年B組と言えば、**腐ったミカンの方程式**ですよ。

箱の中の、たったひとつの腐ったミカンを放置しておくと、いつしか腐敗は箱全体に広がって、すべてのミカンが腐ってしまう。クラスの中のたった一人の腐った生徒を放置しておくと、いつしか腐敗はクラス全体に広がって、すべてのクラスメートが腐ってしまう。そして学校の中のたったひとつの腐ったクラスを放置しておくと、いつしか腐敗は学校中に広がって、やがてすべてのクラス……さくら中学全体が、腐った学校になってしまうのです。

なにしろ同じ校内、クラス同士の結び付きは強いので、B組が暴れていたら騒がしくて

A組だって授業にならない、遠からずA組もC組も荒れてしまう。だから校長先生は困っている先生がいたら早めに手を差し伸べ、崩壊を未然に防がなければいけないのです。

銀行にも、同じ側面があります。銀行同士というのは学校のクラスのように結び付きが強い。なぜならば、多くの場合、**銀行同士でお金の貸し借りを行っているから**です。「最後の貸し手」に頼る前に、銀行はまず他の銀行からお金を借ります。しかし、銀行Aが銀行Bにお金を貸している時に、銀行Bが倒産してしまったら、お金を回収できない銀行Aも潰れてしまうかもしれません。そうしたら、今度は銀行Aにお金を貸していた銀行Cも危なくなる。2008年に発生したリーマンショックでは、実際そのようにして海外の金融機関が連鎖倒産しています。

そもそも銀行にはたくさんの顧客がお金を預けているわけで、潰れてしまったら国民生活が大きな被害を被ることになります。そのため、日銀は銀行を救い、銀行を救うことによって国民の生活を守るために、金融機関に特別にお金を貸し出すことがあるのです。もっともどんな状況でも日銀は最後の貸し手になるわけではなく、どの場合に助けてどの場合に見放すかはケースバイケースというところもあるんですけどね。

ある時は紙幣を発行する発券銀行、またある時は政府の銀行、そしてまたある時は銀行の銀行、それが我らがリーダー、日本銀行なのです。

10

# 株と社債

「株式の仕組み」が難しいと思ったら、
「宝くじの仕組み」に置き換えてみればいいのです。

今から500年前。ヨーロッパの冒険家や商人たちは、一攫千金の夢を追い、未知の海域へと次々に旅立ちました。大航海時代です。

古い書物には、東の果てに**黄金の宮殿が建ち並ぶ島国「ジパング」**が存在すると書かれています。はたまたジパングの南に浮かぶ島々では、**「胡椒一粒は黄金一粒」**といわれるほどの貴重な香辛料が好きなだけ手に入るという噂です。

ところが、造船技術も航海技術も発展途上だった当時は、財宝を求めて旅立ったものの、そのまま海の藻屑と消えてしまう船も少なくありませんでした。本や映画でもよく描かれますが、なにしろ当時の未知の海域には激しい海流や人食いザメ、**月の光を浴びるとガイコツに変身する海賊**や、**歌声を聞くと心が操られてしまう人魚**、巨大なヘビの海獣シーサーペントにクラーケンに海坊主にヤマタノオロチなど、とんでもない化け物たちが潜んでいます。ガリレオの地動説も認められていなかったので、海を進みすぎると**地球の端っこのでっかい滝から奈落の底へ落ちてしまう**という時代です。そんな時代の遠洋航海は、まさに命がけでした。

……あることないこと取り混ぜて書いてしまいましたが（あること1：ないこと9の比率）、要点はというと、大航海時代のビジネスは非常に**ハイリスク・ハイリターン**だったということです。

当時、香辛料は肉の保存に使えるため大変貴重なものとされ、アジアまで出かけてその香辛料や金銀や絹など、高価な物品を積んで帰ってくれば莫大な富を得ることができました。

しかし、商人が船を一艘《そう》調達し、船長と乗組員を雇って大量の食料や燃料を積みこんで……と航海の支度を整えるのにも、それはそれは大変なお金がかかりました。なおかつそこまでお金をつぎ込んで船を出しても、嵐や海賊に遭ったりうまく商品を調達できなかったりすることがあり、するとオーナーである商人は大損をしてしまいます。

そこで、商人たちのリスクを分散するために生まれたのが**株式会社**の仕組みです。

世界初の株式会社は、17世紀にオランダで設立された「東インド会社」だといわれています。東インド会社はまさにアジアとの貿易を目的として作られた会社であり、その運営には大きなリスクを伴っていました。そこでリスクを分散するために、**「資金を複数人で分散して負担する」**という方法があみ出されたのです。

株式の仕組みは、**「何人かで共同で買う宝くじ」**のイメージです。宝くじを1万枚買えば、ひょっとしたら高額当選を引けるかもしれない。でも一人で1万枚買うにはお金がかかりすぎるし、当たらなかった時の損害も大きい。そこで、自分と友人の甲くん・乙くん・丙くんなど20人でお金を出し合い、共同で1万枚の宝くじを買う。そして後日、買ったくじの合計当選金額がわかったら、それを全員で分配するのです。ただし、もし最初に乙くんだけ他の参加者の3倍の資金を出していたとしたら、当選金の配分も乙くんが他の人の3倍になるようにします。

貿易船の場合も、貴族や商人が一人で出資するのはリスクが大きすぎるため、複数人での「共同出資」という形が生まれました。もし船が帰ってこなければお金は失われますが、幸運にも**胡椒を山積み**なんかで戻ってこられた日には、山分けしても一人当たりの利益は莫大なものになります。なにしろ**胡椒の一粒が黄金の一粒と同じ価値**のあった時代ですからね。

余談ですが、私は食事の時に、なるべく効用を最大化できるよう、**「別時代の人になりき**

**り食事法」**という独自の方式を導入しています。

例えばラーメン屋さんに行きます。執筆の合間に夜中一人でラーメン&ライスと向き合うのはかなり寂しかったりするんですが、そんな時、**大航海時代の人になりきって**食材に向き合うと、だいぶテンションを上げることができます。業務用のでっかい筒に入った胡椒をラーメンにわっさわっさと振りかけながら、**「おおっ、我は今、黄金の粒を惜しげもなく我が麺に注ぎ入れているっ!! 遙か東方、死と餓えと渇きの果ての幻の地でしか手に入らぬ稀少な財物を、朕は今このように湯水のごとく贅沢に我が麺にっっ(涙)!!!」**などと騒いでみると、下北沢のラーメン屋さんにいながらにして**大英帝国の王族になった気分**を味わうことができます。

ついでにライスをほおばる時には「すごいのうあんちゃん、真っ白い米ばっかりのメシじゃ! わしは嬉しくて死にそうじゃ!!」「そうじゃの進次、夢みたいじゃのおこんなメシを食えるなんて!」**「ギヒヒッ!! 米のメシは本当にうまいのうあんちゃん!!」**と、**はだしのゲンの登場人物になりきって**一人ダイアローグをこなしてみると、お米一粒一粒の効用も最大限まで高めることができるのです。他にも「わざわざ日本のお好み焼きを食べるために来日して『YOUは何しに日本へ?』に密着されたロシア人カップルの設定」とかいろいろバリエーションはあるんですが、**ともあれ**話を強引に胡椒へ、そして大航海時代へ戻すと、リスクの高い貿易船に出資するため最初は商人だけで共同出資を始め、やがて東インド会社では商人だけでなく一般の人々からも出資を募るようになりました。これが株式会社の始まりです。

友人同士の宝くじ購入では、出資の記録もせいぜいメモ程度でしょうし、いくらかインチキの余地もあります。例えばもし私がくじの管理責任者になったら、当選番号が発表された瞬間にまず自分一人でこっそりくじをチェックし、高額当選があろうものなら**すぐさまくじを抱えて失踪するでしょう。**出資のメモは焼き捨てておけば、誰が本当に資金を出したかの証拠もなくなり、法的な分配義務も免れられるかもしれません。あるいはもう少しうまくやるならば、高額の当選が判明したら即座に**ニセの新聞やニセホームページの作成**を業者に発注し、完成したところで友人を集めてその**ニセ宝くじコーナーに載ったニセ当選番号**を一緒に確認、「ああ残念、全部外れだったねー」と解散した後で密かに換金しに行くという手もあります。

そのような悪行を防ぐため、株式会社ではそれぞれの出資者に、「あなたはたしかにこの会社に出資しましたよ」という証明書を発行するようにしました。宝くじのケースで言うなら、「あなたは〇年春の宝くじ共同購入資金として〇円を支払いました」という正式な証明書を各自に手渡すということです。その出資の証明書が**株(株券)**です。

また、各会社は、「この期間の我が社の成績はこうでした」という**決算報告**を発表しなければいけません。これが宝くじでの「当選番号のチェック」にあたりますが、会社の決算報告は誰もが見られるようオープンにしなければいけないし、**ウソを書いたら「粉飾決算」などの法律違反で捕まります。**そのように、宝くじの共同購入のような行為をもっと厳格に、公正に行うのが株式の仕組みです。

会社を作る時や、既存の会社が新しい事業を始める時には多くの資金が必要になります。その資金を集めるために、「誰か出資してくれませんか〜株を買ってもらえませんか〜。儲けが出たら毎年配当金あげますよ〜」と広く呼びかけるわけです。

ある会社に出資し、株を持っているということは、その会社の**株主である**ということです。会社の事業がうまくいった暁には、株主は保有する株の数に応じて配当金(や自社商品、割引券などの株主優待)を受け取ることができます。

ところで、企業がお金を集める方法は、株の発行だけではありません。他には「銀行からお金を借りる」という方法と、**「社債を発行する」**というやり方があります。

「社債」というのは、その会社に対して行う**定期預金のようなもの**です。会社が「これからこういう事業を行いますので、お金を貸してください! もし貸していただけたら、○年後に△%の利息をつけてお返しします!」と呼びかけ、そこで資金の提供と引き替えに発行する証明書が社債です。

株と社債はどちらも一般の人々から資金を募るものですが、違いは**リスク&リターンの大きさ**です。

社債はあくまで出資者が「お金を貸している」状態であり、借りた側の会社は、約束した○年後になったら出資金に△%の利息をつけて返さなければいけません。出資者としては会社が潰れない限りは少々業績が悪くてもちゃんとお金が戻ってくるので安心です(倒産してしまった場合は「一部返金」などとなり損をすることもあります)。

一方株は「購入する」ことになるので、貸しているのとは違います。つまり、株の場合は元本の保証はありません。もし業績がぐんぐん伸びて毎年の配当金が増えれば見返りは大きいですが、逆に何年待っても配当金がゼロということもあります。

さらに、株は**株そのものが頻繁に売買される**というのが大きな特徴です。株は新しいものをポンポン発行できるわけではなく、株式市場にその会社の株がどれだけあるかという数が決まっています。そこで、「あの株を持っていればたくさん配当金がつきそうだから、ちょっとくらい高くても買っておきたい」と希望する人は、証券会社を通じて「あの株が欲しい」と注文を出すわけです。反対に「この株あんまり魅力ないかも……」とか「今は株より現金が必要だ！」などと考える株主は、売りの注文を入れます。そして株式市場でも、他の商品と同じく価格は**「神の見えざる手」**によって決まります。つまり、需要と供給のバランスによって株価が上がったり下がったりするのです。

……しかし昨今の神様は、株式市場にまでちゃんと(見えざる)手を伸ばしているんですねえ。「手を伸ばす」っていうのは「手を出す」と同じですよね？　そう考えると、投資の世界にも手を出すなんて、さすが神様、**多趣味です。**まあ株だけでなくおよそこの世で売買されるものは、覚醒剤であれブルセラショップの使用済みパンツであれ、あらゆるものが神の見えざる手で値をつけられるのです。**ちょっと神様さすがに節操なく手を伸ばしすぎなんじゃないかという気がしますけれども。**ずいぶんアンダーグラウンドな世界にも手を出してますね最近の神様は……。見えないからいいとでも思ってるんでしょうか？

まあ**話をまとめますと、**社債は決まった金額が返ってくるだけなのでリターンは低い、対して株はリスクも高いものの、配当金や株自体の売却で大きなリターンが得られる可能性もある。そのリスクとリターンの大きさが、株と社債の違いになります。

ただ……、現実問題、株に関しては「その会社に出資して配当金を得たい」という本来の目的で株を持っている人がどれだけいるかというと、ちょっと怪しいところがあると思うんですよね。株って、**もはやそういうものじゃなくなっている**という気がする今日この頃。そのあたりの疑問について、次の章では私の意見を述べさせていただきたく思います。

# 11 投資のすすめ

「これからは投資が必須の時代です！」
という無責任な煽りが氾濫するこんな世の中で。

私が経済の勉強のためにあれこれを読みあさる中で、ずっと違和感を感じていることがあります。

それは、経済入門書やお金の本、お金をテーマにしたブログなど、多くの……いえ、ほぼ全部の媒体で、著者が読者に**投資をすすめている**ということです。この超低金利時代に銀行預金なんて愚の骨頂、アメリカでは小学校に株式投資の授業があるんだぞ！　君たちも責めの姿勢を持ちやがれ！　株だ外貨だ投資信託だ！　えっ、まだ仮想通貨やってないの!?　**バカじゃないっ!?!?**

とでも言わんかという勢いです。私の個人的なSNSの繋がりを見渡しても、**「なんの職業なのかよくわからないけどイベントとかビジネスセミナーをしょっちゅう開催している、SNSで目立っている人」**って感じの方は、かなりの確率で**仮想通貨セミナー**もおっぱじめ出しています。でセミナーの後には、キラキラしてるけど考えが浅そうな人が集合した画像がドーンとタイムラインにアップされるんですよね。私はそれを「キラキラバカ集合写真」と呼んでいます（ごめんなさい）。

まあ仮想通貨や先物取引までいかずとも、株と投資信託に関しては、ちゃんとした出版社のちゃんとした本でも「これからは投資の時代だよ！」と、広く読者に参加を促しています。

しかし、私はどうも納得いかないのです。後々勉強を進め、投資の世界の実体を知れば知るほど、もやもやは膨れるばかり。この妙に足並みの揃った「投資のすすめ」には、裏があるのではないか？　なにか陰謀が隠されているのではなかろうか？　私はそう思わずにいられないのです。

その違和感の中身を述べる前に、まずは「投資」について説明をしておきたいと思います。

「投資」というのは、**将来その商品の価値が上がることを期待して、それを先に買っておく**

**行為**です。株や不動産もそうですが、広くは洋服であったりおもちゃであったり、人間に対しても投資という言葉は使います。「これをやったら将来自分の価値が上がりそうだ」と思うものにお金を使うのは「自分への投資」です。

ただし、どちらかというと投資は年単位の長期的な視野に立って行うのに対し、ごく短期間の値動きを予想して頻繁に取引を繰り返す行為は**投機**と呼びます。株で言うなら、自分が見込んだ会社の株を、将来の成長を期待してじっくり持っているのが投資。「今日はこの株とこの株が値上がりしそうだ！」と予想してその日のうち、あるいは数日から数週間くらいのスパンでいろんな銘柄をスパンスパン売ったり買ったりするのが投機です。投機は会社の将来性よりも、**「他の買い手（売り手）がどう出るか」**を予測する、いわばポーカーや麻雀のようなゲーム性、ギャンブル性の高い行為です。

で、私の意見では、本やブログで読者に投資をすすめている人たちは、**実は投資をすすめているフリをして投機をさせようとしている**ことが多いように感じられるのです。

仮想通貨なんかは典型的です。ビットコインを筆頭とした仮想通貨は「データ上のお金」で、もともとは海外送金（異国間の取引）を容易にするという目的で作られた通貨です。円やドルの送金だと時間&手間&手数料がかかるところを、データのお金なら、瞬時に送ることができます。

しかしはっきり言って、現状**「送金が便利だから」という理由でビットコインを買う人などいません。**ビットコインを買う人（売る人）のほぼ全部は、「価格の変動で得られる利益を狙って短期間で売買をする人」です。つまり、投機目的です。

仮想通貨をすすめる人たちは、必ず「みんなも仮想通貨に投資しよう！」というように、「投資」という言葉を使います。しかしその実、続けて語られることといえば「今儲かりそうなコインはこれだ！」とか「こういうチャートの後はこういう値動きになるはずだ！」とか、投機的な攻略法ばかりです。

現実の通貨でも同じです。投資の話となるとよく出てくるのが「ＦＸ」ですが、ＦＸは、仮想通貨と同じような売買を外貨（ドルとかユーロとか）で行う取引です。選んだ通貨が今後高くなるか安くなるかを予想して、短期売買を繰り返す。中には「難破した軍艦エルトゥールル号を助けてから、うちはトルコと家族ぐるみのつき合いをしとるんじゃ。わしはなにがあってもトルコを応援するぞ！」という方針でトルコリラを何年も持ち続けるような方もいるかもしれませんが、基本的にはＦＸは短期で売買を行う投機です。しかも掛金の何十倍という金額を動かせるため、**莫大な損害を出して穴埋めのために職場から7億円くらい横領する人**のニュースなどもちょくちょく見かけます。ギャンブル性が高いというよりは、ギャンブルです。

では、株式投資はどうでしょうか？　「株式投資」と言うくらいだから、株式投資は投資なのでしょうか？

前章で説明した通り、株を買うつまり株主になるというのは会社に対する出資であり、「これだ！」と見込んだ会社の株を買い、長い目で見て値上がりや配当金を期待して保持するならばそれは紛れもなく投資です。

ところが、今時そんなふうに「会社に対しての出資である」という意識を込めて株を買う人が、その会社の関係者以外でどれだけいるでしょうか？

みなさんの周りにいる、「株をやっている人」を思い浮かべてみてください。SNSで見かける程度の人でもよいです。その「株をやっている人」の中で、「応援したい会社の株を何年も持つ」スタイルの人、いますか？　ほとんどいなくないですか？　株をやっている人はほぼ全員、今日はいくら儲けたいくら損した、どの株を買ったどの株が暴落した日経平均株価がどうしたと、すごくせわしない話をしていませんか？

そもそも、ひとつの会社の株を何年もじっくり持っているだけの人がいたとして、**私たちはその人のことを「株をやっている人」とは認識しない**と思います。そんな長期の覚悟を持って株を保有している人は、**株をやっている気配など見せず、まるで株などやっていないかのように淡々と暮らしている**のではないでしょうか。

私たちが周りにいる「株をやっている人」をなぜ「株をやっている人」だと認識しているかというと、その人が頻繁に株のことを話したり書いたりするのを目にするからですよね？　ということは、結局私たちが認識している「株をやっている人」は、短期売買をしている人たちなんです。彼らが予測しようとしているのは「会社の将来性」ではなく、「他の買い手（売り手）がどう出るか」です。それは紛れもなく仮想通貨やＦＸと同じ投機行為です。

著者さんの中には、投資のすすめの際に「投機にならないように、長期的に考えなさいよ」とフォローを加えている方もいます。しかし実際問題、**人間は弱いので、そんなことは無理**なんですよ。ある株を買ったらたいていの人はその瞬間から四六時中値動きが気になる日々が始まり、「いつ売ったらいいか」の悩みが仕事中でも食事中でも旅行中でもどこへ行っても追いかけてきます。**そんな状況の下で、人は冷静ではいられないんですよ。**６年に及ぶ修行の後に悟りを開き、まさに今サールナートの地にて初転法輪（初めての説法）に臨もうとしている釈迦であっても、もし証券口座とスマホを持っていたとしたら「ちょっと待って！　**釈迦まだ説法行けない!!**　今スジャータの株がすごい動いてるんだから!!　いったんプラス６万円まで行ったのに、急落して今プラス３２００円なんだよ!?　ああ〜なんで６万の時に売らなかったんだ〜〜悔やまれる〜〜。マイナスになる前に売ったほうがいいかなあ。でも一度6万プラスまで行ったのにここで売るって超損した気分じゃん!! でもこれ以上下がったら元金割るしなあ……微益のうちに利確して乗り換えるべきか……あぁ〜〜どうしよう困ったあああ〜〜〜。**うるさいなっっ説法はもうちょっと待てって言ってるだろ!! 長説法の間に底値割ったらどうすんだよっ!! おまえが責任取って損失補填してくれるのマハーカッチャーナ!?**」と、お釈迦様も**つい先日開いたばかりの悟りも閉じて取り乱す**のではないかと思います。

株や外貨や仮想通貨を持っている期間というのは、**馬券を買ったレースがスタートして永久に続いている状態**です。逃げあい指しあい、24時間(あるいは市場の開いている時間中)追いつ追われつのデッドヒートが続くんです。並の人間が平静でいられるわけがありません。そこでどっしり構えられるような人は、**そもそも「経済入門」とか「お金の本」なんてまったく読む必要のない大富豪くらいです。**

要するに、仮想通貨やFXは言わずもがな、株式投資でさえ、おすすめに従って「投資」を始めたつもりでも結局その9割9分以上の人は、ポーカーや麻雀のようなギャンブルをしてしまうことになるんです。

別にポーカーや麻雀が悪いって言ってるわけじゃないですよ? それを趣味でやる分にはいいでしょう。でも**大事な資産を運用する手段**として、「みなさん、資産運用は大事ですよ！　あなたの資産を堅実に増やすために、**ぜひカジノでポーカーをやりましょう！　賭け麻雀もいいですね！」って他人にすすめますか**って話です。

これは確実に言えることですが、素人が投機に手を出しても、**負けます。**多少のビギナーズラックはあったとしても、**トータルでは必ず負けます。**

なぜか？　それは、**戦う相手が強すぎるから**です。

投機として行う限りは、株もＦＸも仮想通貨も**「誰かが儲ければ誰かが損をする」**世界です。あなたが1万円の利益を出したなら、その1万円は誰かが失った1万円です。つまり、投機とは**同じ市場にいる世界中の人々との戦い**です。

そして、投機の世界の最前線で利益を上げ続けているのは、世界有数の天才たちです。主に**ヘッジファンド**と呼ばれる投資、投機のプロ。理系のエリートがハーバード大学やらスタンフォード大学やらで投資の学問「金融工学」を学び、卒業後にはウォール街の金融機関で投資の実地経験を積み、やがて独立した後に資産家や企業から何百億何千億何兆という資金を集め、世界最高性能のコンピュータを駆使して24時間体制で取引を行っているのがヘッジファンドです。「アジア通貨危機」の際には**タイ政府やマレーシア政府に投機勝負を挑んで勝ったのがヘッジファンドです。**

投機をするということは、**そのヘッジファンドを相手に戦う**ということです。一国の政府すら倒してしまうハーバード大学出身の金融工学のエキスパートに、**「お金の本」を読んで軽い気持ちで投機を始めた一般人**が、勝てる見込みがあるでしょうか？

これが投機ではなく、**格闘**だとしましょう。

ある本を読んだら、「これからは格闘の時代です。将来の資産形成のため、みなさんもリングで戦って賞金を稼ぎましょう！」と書かれていました。なるほどそれはよいことを聞いた、副業として俺も格闘やってみよーっと！　と軽い気持ちでリングに上がると、**対戦相手はボブ・サップやマイク・タイソン**なんです。周りのリングを見てみても、バリバリ戦っているのはスタン・ハンセンやヒクソン・グレイシーや白鵬やエメリヤーエンコ・ヒョードルといった**ヘビー級チャンピオンばかり**です。

軽い気持ちで「株やＦＸで儲けよう」と考えるのは、**軽い気持ちで「マイク・タイソンに勝って賞金をもらおう」と考えるのと同じです。**今まで一度もリングで戦ったことのない素人さんが、軽い気持ちで格闘技に参入し、ボブ・サップやヒクソン・グレイシーからダウンを奪える確率はゼロでしょう。**重い気持ちだったとしても確率はゼロです。**なのに、なぜお金の本や投資ブログにたきつけられた素人さんは、世界最高峰のコンピュータを駆使する金融工学の天才や、インサイダー取引で捕まるくらい情報を持っている東大卒投資家のなんとかファンドに勝てると思ってしまうんでしょうか。

中には、定年を迎えた後で老後の資金を増やすために株やＦＸに手を出すおじさま、おばさま方もいらっしゃるようです。人間なにかを始めるのに遅すぎることはないと言いますが、しかし定年後に投機の世界に参入するというのは、**もう体も頭も満足に動かない年齢になって、いきなりボクシングを始めてマイク・タイソンに勝とうとする**ようなものです。やめてください。**よくて重傷、悪ければ命まで取られます。**あなたが40年コツコツと働いて貯めた貯金が、どこかの見知らぬ投資家のポルシェやクルーザーに変わるだけです。**あなたはどこかの見知らぬ投資家にポルシェをプレゼントするために40年間コツコツと働いてきたんですか？** 違うでしょう？

なお、株の親戚として「投資信託」という商品もあります。投資信託は「いろんな株を組み合わせた商品」で、運用もプロに任せるのでリスクは低いと思われがちですが、２０１８年のデータでは、投資信託を購入した人のうち**得をした人が54％、損をした人が46％**となっています。つまり、リスクが低いといわれている投資信託を、投資用の口座を開いて長～い交付目論見書を読み同意事項を了承して面倒くさい手続きを経てやっと購入しても、**ほぼ丁半博打をするのと同じ結果**しか得られないんです。

私が思うに投資というのは、素人がやれば結局投機になり損をするのだから、到底人にすすめられるようなものではないはずなんです。しかるに経済入門書やお金の本、ブログなどで一様に著者さんが投資をすすめているのは、ひょっとしたら、**自分より弱い人に市場にきてほしいという意図**があるんじゃないかなあと、私は密かに勘ぐっています。

仮にその著者さんたちも選手として投機市場にいるとして、ボブ・サップやマイク・タイソンにはどう転んでも勝てるわけがない、でも、**昨日今日リングに上がってきたド素人になら勝つことができる。**だから彼らは、険しいリングに獲物を呼び込もうとしているのではないでしょうか？　**合コンには自分よりモテないやつを呼びたい。**「投資のすすめ」にはそういう心理が隠されているのではないでしょうか？

特に、仮想通貨のセミナーなんかは、多かれ少なかれ、いや**多かれ多かれ**そういう目的があるのではないかと思います。もし本当に主催者さんが仮想通貨で稼げると思っているのなら、みんなに教えるわけがないんですから。だって、セミナー参加者がみんな儲けてしまったら、**確実に自分の取り分が減る**んです。むしろ仮想通貨で稼げるなんて思っていないからこそ、セミナーで稼ごうとしているんじゃないですか？

まあ……、違っていたらすみません。

私も昔から証券会社の口座は持っていますし、経済の勉強中は1年ほど実際に株とＦＸの取引にも参加をしてみました。そこで感じたことは、このリングは**非常に殺伐としているる**ということです。損をしてイヤなのは当たり前ですが、たとえ得をしたとしても、そこには他の仕事をしていれば得られたはずの「成長の喜び」とか「お客さんへの感謝」、あるいはできあがった製品や作品などの成果物がなにもないんです。利益の向こう側にあるのは、誰かの悔しさや不幸なんですよね。そんなお金の稼ぎ方って悲しくないでしょうか。

ですから私は、株も投資信託もＦＸも仮想通貨も、この本を読んでいるみなさんにはすすめたくないなあと思うんです。経済の本にはそぐわない、時代遅れな主張であろうとも……。

# 12 景気とGDP

地下アイドルとJKビジネスで学ぶGDP。
※良い子は読まないでね♪

「景気がいい」とか「景気が悪い」とか言う時の、景気。

景気ってなに？　というところをいろいろ調べてみても、案外正解を見つけるのは難しかったりします。いや、難しいというよりも、各参考文献を総合してみると、どうやら日本の「景気」の定義には**特に正解はないというのが正解**のようです。

……あれ、それもおかしいかな。「特に正解はないのが正解」だとしたら「特に正解はない」という正解があることになり、正解があるならば「特に正解はない」という答えは正解ではないことになります。じゃあ表現を変えて、**『本当は正解はあるけど、なにが正解か**

**はわからない』が正解」**なのかもしれません。……あれ、でも「なにが正解かわからないのが正解」だとしたら「なにが正解かわからないという正解」がわかっていることになり、**（以下略）**。

まあしかし、そんな矛盾はたしかにあれども、やはり景気の定義については「特に正解はない」というのが正しいようです。その根拠は、1．参考文献によって書いてあることが違う　2．いくつかの書籍では「特に正確な定義はない」と断言されている　というところです。

ただし、それぞれの書籍ごとに「こういう時に『景気がいい』って思っていいんじゃない？」という著者さんの**おすすめ定義**が書かれており、多数決しますと、**「なんとなく人々が『景気がいいな』と思っている状態が景気がいい状態である」**という定義が最も優勢なようです。

もちろん「景気に関する指標」はたくさんあって、有効求人倍率や消費者物価指数や新車販売台数や企業倒産件数や株価や全国企業短期経済観測調査（「日銀短観」と呼ばれるやつです）……などなど、それぞれ数字ははっきり出ますが、しかし「この数字がよければ『景気がいい』とする」という決まりはないんです。まあ新車が売れなかったり企業が倒産したり物価が下がったりしている時に「景気がいいなあ♡」とは誰も思わないでしょうから、指標は大いに重要なんですが、指標自体がそのまま景気を表すわけではありません。あくまで景気というのは**なんとなく、漠然とした、全体的な人々の気持ち**の問題なんです。なんとなく多数派の人々がけだるく左右に揺れながら「近ご〜ろ〜私たちは〜、**いい〜感じ〜〜♪**」と歌っているような雰囲気（なんだそれ）だったら、その時には「今は景気がいい！」ということになるのです。

ただし、それでも経済指標の中でひとつ「これは押さえておいたほうがいい」という項目があります。それが、**経済成長率**です。

経済成長率とは、**GDPが前の年よりどれくらい成長したかを％で表した指標**です。例えば、GDPが100兆円から102兆円に増えれば経済成長率は2％ということになります。

この経済成長率がプラスになるかマイナスになるか、そこをもって「今はプラス成長（成長率がプラス）だから景気がいいのだ」と語られることはよくあります。景気はあくまで気持ちの問題ではあるんですが、さすがに識者の方々、例えば宮崎哲弥さんや荻原博子さんなんかがメディアで景気を語る時に「現在日本の景気は上向きの状態です。なぜなら、**そんな気がするんだも〜〜ん♡**そういうことにしておけば、**これ〜か〜ら先も〜〜、いい感じ♪（けだるく左右に揺れながら）**」で片づけるわけにはいかないでしょう。そんな裏原系の解説をしてしまったら、次週から識者の席には**森永卓郎さんと勝間和代さんが代わりに座っ**

**ている**という事態になりそうです。

ですから説得力が必要な場では、主に経済成長率を参考に「プラス成長だからよし、マイナス成長は悪し」と判断されることが往々にしてあります。

そうなると、肝心なことはＧＤＰですよね。ＧＤＰがわからなければ、経済成長率もわかりません。

ＧＤＰは国内総生産（Gross Domestic Product）の略語ですが、**日本国内で一定期間に生み出された付加価値を合計した金額**です。

またわからない言葉がありますね。「付加価値」。

付加価値というのは、**ある商品（もしくはサービス）の、原材料費と販売価格の差**です。

あるお店でハンバーガーを１個３００円で販売していたとしましょう。ハンバーガー１個の価格には、パンや挽肉、卵にレタスにピクルスに調味料に包装紙など、様々な原料・材料の値段が含まれています。仮にそれらの原材料費の合計が１２０円だとすると、「ハンバーガーの価格との差１８０円」が付加価値になります。原材料費が40％、付加価値が60％の割合ですね。だいたいハンバーガーの原材料費はこの程度だそうです。

ＧＤＰとは、**この付加価値が一定期間でどれだけ生み出されたかの合計金額**です。そしてＧＤＰが増えれば経済成長率はプラスになりますから、日本が経済成長するためには、**付**

**加価値をどう効率よく、たくさん生み出せるか**が鍵になってくるわけです。

付加価値は、内訳の多くを人件費が占めることになります。働く人のお給料ですね。しかし、ある商品（サービス）を生み出すのにどれだけ技術がいるか、どんな希少性を加えるか、それによって価格に対する付加価値の割合はまったく変わってきます。

付加価値の多様性について具体例を挙げて考えてみますと、例えば同じ1杯のコーヒーでも、コンビニで飲むのと、高級ホテルのラウンジで飲むのとでは全然金額が違いますよね？　それは原材料費以上に、付加価値の大きさに差があるからなんですが……えーと……、**ちょっと例えを変えましょう。**コーヒーとラウンジの例えはいろんな本で見かけますし、食べ物や飲み物の話ばかりというのも画一的です。せっかくなので、違うジャンルでなにか考えてみましょう。そうですね……、例えば、**ア**

**イドルの経済活動における付加価値**ではどうでしょうか？

私はハードボイルド作家のため正直そちらの方面には疎いのですが、それでもがんばって説明させていただきますと、アイドル……特にまだメジャーになっていない**地下アイドルのライブ**なんかに行くと、ライブ終了後には必ず**物販タイム**というのがあります。そして地下アイドルの物販といえば、メイン商品はＣＤでも写真集でもなく、なんといっても**チェキ券**です。

チェキというのは撮った写真がすぐ現像されるインスタントカメラのことで、ヲタ……いやお客さんは、「チェキ券」という紙を買えば、**好きなアイドルメンバーと2ショット写真を撮ることができる**のです。

ただこのチェキのシステムには隠された意味があって、我々ヲタにとってなにより重要なのは、写真そのものよりも、**写真の現像を待つ間そのメンバーとお話ができる**ということなのです。フィルムに画が浮かぶのを待つ間、**推しメンとマンツーマンで会話ができる。**それを目的に、我々ヲタはチェキ券を買うのです。えっなんか不気味ー、そんなことにお金払うってバカじゃないの？　とか思ったそこのあなた。**バカにする前に、一度やってみなさいって。「さっきまでステージで歌って踊っていたアイドルが目の前にいて、自分の目を見ながらお話ししてくれる」という状況の夢心地具合と言ったら、もう合法的な覚醒剤の世界です**

**よ。体を壊さない合法ドラッグですよあの快感は。**まああまりに夢のシチュエーションすぎて、慣れないうちは緊張と興奮でなにを話しても噛みまくり、ウワーとかヒヨーとか呻いていると「はいお時間でーす！」と**屈強なスタッフさんによって**両肩を摑まれて剝がされ、くそぉっなんにも喋れなかった！　ああ失敗だ〜えこちゃんの前であんな挙動不審になっちまった〜〜もう次のライブで顔合わせられないよ〜〜〜っ（涙）。などと**20歳も年下の少女とうまく話せなかった後悔を3日くらい引きずり**、そして**そんなことを3日も引きずっている自分にも嫌気がさす**という、そういうメンタルヘルスを損ねるリスクも秘めているのがチェキなんですけどね。あ、あと、**アイドルのライブとバイトをハシゴしすぎて過労で死ぬファン**とかもたまにいるので（本当です）、よく考えたら体を壊すリスクもあるっちゃありますね。

…………………。

えーと……、**なんの話でしたっけ？**

アイドルの話ですよ。あ違った、**付加価値の話です。**「アイドルの物販で生まれる付加価値」の話です。

そこでチェキ券の値段を見てみますと、チェキ券はだいたい1枚1000円です。で、チェキの原材料費はほぼフィルム代だけなので1枚100円程度。となると、チェキ券においては**900円分が「アイドルと写真を撮ってお話ができる」という付加価値**であり、実に**製品価格の9割を付加価値が占める**ということになります。

ここから考えると、「マニュアル通りにパンとハンバーグを組み立てる」というような簡単な作業では付加価値はあまり増やせないが、**「この人だからこそ」という技術や希少性、特別な感じ、が加わると付加価値は大きくできる**ということです。いやいや、写真を撮ってお話しするのも誰でもできるじゃないかとお思いかもしれませんが、「この人と30秒お話しするために1000円払ってもいい」と誰かに思わせることは、決してマニュアル通りにはできない、特別な魅力と技術と努力を要する行為なんですよ。アイドルをなめないでいただきたい。彼女たちがどれだけがんばっているか、そこをしっかり見てからものを言ってくれって話ですよ。……まあ、僕はアイドルには疎いのであんまりよくわかんないんですけど。

なお、これはまた別の商品になりますが、秋葉原や池袋あたりでは、**JKと1時間おさんぽするだけで6000円、オプションで手を繋ぐと10分1000円**などという斬新なサービスもあります。……JKってなんでしょうね。**ジョン・キングさんの略かな?**

ともかくそういったサービスの場合はもはや**原材料費は0**、すなわちその方たちは、**製品価格が付加価値だけで構成されている**という、最高に効率的な商品を生産しているということになります。

こういった付加価値の合計金額が国内総生産すなわちＧＤＰになるわけですが、言い換えると「日本のＧＤＰ」というのは、**その期間に日本がどれだけ儲けたかを表す数字**ということになります。付加価値はその大部分が誰かの所得になるわけですから。なのでＧＤＰ、ひいてはＧＤＰの変化を表す経済成長率は、景気の善し悪しを判断する際の重要な材料となるのです。

なお、ＧＤＰおよび経済成長率を伸ばすためには、**潜在ＧＤＰ、潜在成長率**という数字もまた重要になってきます。これは、**現状の設備や人員を最大限使ったら、どれくらい生産ができてどれくらいの成長ができるかという見込み**です。言い換えると、「全力を出したらどれくらい供給できるか」です。付加価値は商品やサービスを供給する（売る）時に生まれるものなので、いくらお客さんが多くても供給が追いつかなければ付加価値は増えません。ですから、経済成長のためには「供給できる能力」すなわち潜在ＧＤＰをどれだけ高められるかが肝になってきます。

潜在ＧＤＰを増やすためには、設備に加えて労働力も増やさなければいけません。しかし日本は人口がどんどん減っています。そこで、労働力を増やすために「働いていない人」、専業主婦の方や高齢者の方々に労働市場に復帰していただくことが期待されています。

もちろん主婦のみなさんは家の中で毎日働いているわけなので、「働いていない人」のくくりに入れるのは大変失礼な話です。ですが、GDPは定義上あくまで支払いが発生しなければ加算されない仕組みなので、一億総活躍社会だなんだと、なんとなく政府が働く女性をサポートしたり定年をずらそうとしているのにはそういう事情があるんです。まあ、**家事や育児に料金表を作って旦那さんからお金を取るようにすれば、GDPは増えるんですけどね。**ただしそれをやると、その売り上げに税金がかかってくるので**結果ただ世帯収入が減るだけ**という悲しいことになるんですが……。

もちろん、単に労働人口を増やすだけでなく、すでに働いている人がもっと効率的に付加価値を生む努力をするということも大事です。労働者がみんなアイドルやJK（ジョン・キングさん）を見習って高い割合で付加価値を創出できるようになれば、GDPは飛躍的に上がりますから。

まあでも、我々おっさん労働者がJK（ジョン・キングさん）を見習って**「おっさんおさんぽ」**や**「おっさん手繋ぎ」**のサービスを始めても、需要はひとつもなさそうですけど。むしろ**逆にサービスをしている我々がお金を払わなければいけない状況**ですよねおっさんおさんぽなんて。……あっ、でも**我々がお金を払う状況だとすればそれはそれでGDPには貢献できる**ので、どちらにせよ付加価値が生まれるなら「おっさんおさんぽ」も悪くない商売かもしれません。

もしかしたら、世間で「JKおさんぽ」と解釈されているサービスも、**実はおっさんおさんぽをしているだけ**なのかもしれませんねあれは。どちらにしろ偉いなあGDPに貢献していて。

そしてGDPのお話は次章へと続きます。

# 13 ＧＤＰの裏側

私は中国に個人的に多大な恨みがあります
恨めしや中国なんだコラ金返せムキャーーーーッ!!!

景気の善し悪しを判断するための重要な指標であるＧＤＰ、これについては補足しなければならないことがいくつかあります。普段は補足したほうがいいことも**ページの都合で知らんぷりする**こともしばしばなさくら剛の入門書シリーズですが（そしてそういう部分を**粗探《あらさが》し大好きっ子さん**に粗探されレビューで長々と文句を言われたりします）、それでも本当に大事な補足はしっかり入れる、分別のある「美男子すぎない六流作家」それが私です。

まず、**名目ＧＤＰと実質ＧＤＰの違い**について。

前章でのＧＤＰの定義「ある期間に生み出された付加価値の合計金額」、これで算出される数字というのは**名目GDP**の値です。GDP以外にも「名目成長率（経済）」や「名目賃金」「名目金利」などがあり、いずれも「名目○○」というのは、**そのままの数字**のことです。

一方、「実質」とつくもの、「実質成長率」や「実質賃金」「実質金利」そして「実質GDP」、これは、**物価の変動を差し引いて計算した値**です。そして、どちらかというと重要なのは、名目よりも実質の指標のほうだったりします。

もう少し嚙み砕きましょう。名目○○というのはその名の通り「現時点での名目上の数字」です。しかし、なにかの数字が伸びていて「やったー数が増えたー！」と喜んでいる時に、**そもそもその項目の土台が伸びていたら**、名目上だけの数字にはあまり意味がないということになりますよね？……例えば。なにか例を考えてみましょう。そうですね……。

エジプトの砂漠地帯、ギザの台地には「ギザの三大ピラミッド」が建っています。その3つのピラミッドの中で、もっとも天高くまでそびえているのが、真ん中にあるカフラー王のピラミッドです。これは現場で見ても写真で見ても一目瞭然です。よかったら画像検索などしてみてくださいませ。

ところが、実はカフラー王のピラミッドは、**もともと高くせり上がっている地盤を探し、その高い地盤の上に建設されているん**です。地盤の高さを差し引き、実質的な「ピラミッドの寸法」だけで勝負した場合は、一番高いのはカフラー王の父である**クフ王のピラミッド**なのです。

そこには「偉大な父・クフを超えてはならない、しかし一方で父を超えて見せたい」というカフラー王の心の葛藤があったそうで、つまり見た目そのまま**名目上一番高いのはカフラー王のピラミッドだが、土台の高低を差し引いて、実質的な高さの一番はクフ王のピラミッドである**、ということになります。

これが、名目と実質の違いです。つまり物事の本質を測ろうとするならば、土台の変化をしっかり考慮しなければならないということです。

……………。

えっ？　**イマイチ？**

あんまりぴんとこないし、例え話にしては知らない名前がいろいろ出てきてわかりづらいって？

そうですか。しょうがないですね。じゃあこれならどうですか。例えば、**去年80㎝だったバストが今年は90㎝に増えて、「胸が成長した！」と喜んでいる女性がいるとするじゃないですか。**

でも、もしかしたらその方は、**お腹まわりもお尻まわりも同時に10㎝ずつ増えているかも**

**しれないですよね？** もしもその女性が不摂生により体まわりすべて10㎝ずつ膨張しているのだとしたら、**名目バストは90㎝でも、土台を差し引いた実質バストは80㎝のまま**ということになります。名目上の数字だけに着目した**名目成長率（バスト）は11％ですが、実質成長率は0％**です。**バストだけが伸びていれば実質巨乳ですが、ウエストも一緒に増えているならそれは名目巨乳なんです。**

……………。

いや、どうかと思ったんですよ。最初にこっちの例えを思いついたんですけどね、**このご時世にこの例えはどうかと思ったんですよ。**さくら剛という六流作家の本を読んだら、女性の体型を揶揄するような例え話があって愕然とした。**悔しくて涙が出てきた。このように女性を侮辱した本が書店に堂々と並ぶという、この閉鎖的な男社会に心から憤りを感じる。**とか、**今時書かれそうですからＴｗｉｔｔｅｒなんかに。**とりわけ**ヨーロッパ在住の日本人女性ライターみたいな枠の人**に書かれそうです。だから一生懸命真面目な例え話を考えたのに……わかりづらいとか言うから……（涙）。

ですからね、「成長率」を正確に測るには、「土台の変化」を計算に入れなきゃいけないんですよ。今の例での地盤やウエストに相当するのが、賃金やＧＤＰにおける物価なんです。物価が1年前より10％上がっているとしたら、仮に賃金やＧＤＰも同じく10％上昇していたとしても成長したことにはなりません。名目賃金と名目GDPは10%の増加になりますが、「実質賃金の伸び」や実質経済成長率は0ということになります。

ただし、実質のほうが上がらなければ経済成長としては意味がないんですが、人の心理としては、**名目でも上がれば嬉しい**という性質があったりします。たとえインフレ気味で実質賃金は変わっていなくとも、**給料が1万円上がればとりあえず嬉しい。**実質は同じでも、数字が増えればなんか嬉しい。人間にはそういう単純な傾向があるものです。男にも単純な傾向がありますから、**実質的に太っただけでも、彼女の名目バストが10㎝増えたらとりあえず嬉しいんです。**…………。ごめんなさい……(号泣)。

ちなみにその傾向は**逆もまた真なり**でして、たとえ物価が全体的に下がっていても……つまり実質賃金は変わらなくとも、名目賃金(お給料の額)が1万円下がってしまったら労働者は不満を漏らしがちです。彼女のバストだって、たとえ全体的に痩せただけでも、**シャーラーーップ!!! アイシャャットアップ!!!**

と、そういう心理的な抵抗があるために、物価が下がるデフレの状態であっても賃金を下げることは困難なんです。そのため不況下では「給料を下げて文句言われるくらいなら人員を減らそう」ということでリストラや雇い止めが起こったりもします。

さてGDPといえば、日本がGDP世界第2位の座を中国に明け渡してから、かれこれ10年が経とうとしています(実質GDPでも追い越されています)。

GDPは「その国がどれだけ儲けたか」を表す指標で、今や日本のダブルスコア以上の数字を叩き出している中国は、経済的に日本のずっと先を行くとても豊かな国……なのかと思いきや、そこにもひとつ大事な補足があります。それは、**国の合計の豊かさと、国民一人一人の豊かさは違うものである**ということです。

例えば、**日本の隣に、日本をもうひとつ作ったとしましょう。**土地も人口も経済力もなにもかも同じ日本を、そのままもう1個作って日本の隣に並べます。そして2つの日本は合併し、**「日本2・0」**という国になりました。さらに、もうひとつ作っちゃいましょう。クローン日本2個をまるごと吸収合併し、**「日本3・0」を建国**したとします。すると、日本3・0のGDPは今の日本の3倍となり、日本は再び中国をかわして世界第2位の座に返り咲くことができます。

しかし、仮にそうなったとして、国民の暮らしも3倍豊かになったと言えるでしょうか？GDPが3倍になったら私たちの所得も3倍になるでしょうか？……なりませんよね。だって、単に人口が3倍になったから付加価値も3倍に増えたというだけなんですから。

そう考えると、「国民の豊かさ」を測る上で重要なのは、国全体のGDPよりも、GDP

をその国の人口で割った**「一人当たりGDP」**ということになります。

GDPが国全体の儲けなら、一人当たりGDPは**国民一人当たりの儲け**です。一人当たりGDPなら、2017年のデータでは中国が8600ドルに対して日本は約3万8000ドル、まだまだ4倍以上の開きがあります。

じゃあ日本は一人当たりならいまだに世界有数のお金持ちなのかというと、2017年の一人当たりGDPの世界ランキングでは、なんと日本は**25位**です。2000年には世界第2位だった一人当たりGDPが、わずか17年で25位まで落ちています。これは、私たち日本人の生産性……効率的に付加価値を生み出す力がどんどん失われているということです。冗談でなく、日本で17年前より生産性を伸ばしているのは**アイドルやJKくらい**なのかもしれません。我々は本格的にJK(ジョン・キングさん)を師と仰ぎ、教えを請わなければならないのではないでしょうか。

それからもうひとつ、「日本のGDPが中国に追い抜かれた」という点で考えなければいけないことがあります。

それは、そもそも**中国のGDPの信頼性**についてです。

GDPは日本では内閣府が算出していて、その計算方法は内閣府のサイトで**97ページに及ぶPDF資料(2018年現在)**で解説されています。その資料を見てみると**基本的に難解**

**すぎて理解不能**であるんですが、それを解説した各種記事などによると、とにかく家計調査や税金の申告を始めとした膨大なデータをとりまとめて合計値を推定しているそうです。いずれにせよ、家計や企業（と政府）が正直に申告する数字を、内閣府が計算すると。

おそらくその手順は中国でもあまり変わらないと思うのですが、ところが中国の市場には見すごせない特徴があり、それが**闇市場の存在**です。

闇市場で扱われている商品は数多いですが、代表的なのはやはり**海賊版やコピー品**です。あくまで個人の感想ですが、中国の、特に田舎の町に行きますと、CDやDVDなどは**正規品を見つけるほうが難しい**というくらい、町を歩き回っても海賊版にしか出合わなかったりします。日本政府もソマリア沖だけじゃなく**中国にも自衛隊を派遣したほうがいいんじゃないかと思うくらいの驚くべき海賊との遭遇率**です。…………。またまずいこと言った僕？

ちなみになぜ海賊版だとわかるかというと、都市のデパートなどで売られている正規品と比べて値段が安すぎるし、なによりパッケージの質が悪いので一目瞭然です。例えば、日本の映画やアニメのDVDも多いんですが、海賊版だと正規品に比べてパッケージに書かれている**日本語が下手**です。手元にも1枚中国で買ってきた某日本アニメ映画の海賊版DVDがあるんですが（日本のデッキでは再生できません）、そのパッケージ裏面にある注意書きをそのまま記載してみますと、「DTS音響の再生にはDTS對のDVDブレーセそ、

ＤＴＳデコーダーガ必要チま。ＤＶＤムヲオほ映像と音響ぞ高密度ね記録しそのせしカソネめす。ＤＶＤのもはひた對ののひつちゅゅも再生かたちそぬしは。」と書かれています。**どう考えてもまったく注意書きの意味をなしていません。**これなら中国語で書いたほうがまだ購入者の役に立つでしょうに。どうせ海賊版ってことはバレてるんだから……。

他にも化粧品やバッグなどブランド品のコピーも多いですし、最新のスマホやハリウッド映画などは生産国のアメリカより早く、**本物より先に海賊版が発売される（マジです）**というわけのわからない事態になっています。

でですね、肝心なことは、そういうコピー品を売っているお店が、**売り上げを正直に申告しているわけがない**んですよね。だって、申告したら違法な商売がばれるんですから。

よって、中国では表に出ない闇の付加価値が大規模に存在していることが想定される。ということは、中国のＧＤＰは**発表されている数字より実はずっと多い**という可能性もあるのです。

もうひとつ言うならば、ありがたいことに私の著作にも中国で翻訳出版されたものがあるんですが、その本に関しては**現地出版社に印税をパクられている状態**です。ちゃんと契約書を交わし、中国の書店やａｍａｚｏｎ．ｃｎで正式に販売されているにもかかわらず、発売以来何年も、現地出版社と一切連絡が取れない状態にあります。中国の読者さんからフアンレターはくるのに、印税の支払いは1円も来ません(涙)。

　この場合は、amazonでも売っているとなれば出版社はちゃんと売り上げを申告しているはずですが、原材料費を私に払わずシカトしている分、彼らは**付加価値を不当に増やしている**ことになります。**本当は私に支払われて日本のGDPに加わるはずだった金額が、中国のGDPに加算されているんです。**私が一生懸命働いて生み出した付加価値が、なぜか祖国日本ではなく、中国のGDPに(泣)。マジで悪質だよ……**海賊版売られるほうがまだマシだっていうの!!!　正式に契約交わした分余計ショックがでかいわっっ!!!**

　もしもこういった事例が他にもたくさんあるとしたら(あるでしょうだってよく聞くもん)、今度は**正当に計算したら中国のGDPは発表より少ない**という可能性もあります。結局のところ、中国のGDPは「幅広い誤差があるんだろうなあ」と、ある程度柔軟に見ておくほうがよいと思われます。

　…………。

　多分この本は、中国では**出版されないだろうな……。**よしんばされたとしても、この章は**抹消されるであろう。**

　…………あれ？

　ちょっと待って？　なんか、ふと疑問が思い浮かんだよ。

なんか中国のことばっかり責めてたけど、よく考えたら、**日本の地下アイドルとかＪＫも、ちゃんと売り上げを申告してるのかなあ。**レシートもなにもなく、裸でお金を渡してチェキを撮ってもらうだけのあのやり取り、**アイドルの運営さんは正直に税務署に売り上げを届け出ているのでしょうか？**　ＪＫのほうは本当によく知らないけど、おさんぽビジネスでレシートが出るとは到底思えないし……。

もしそれらが申告されていないとすれば、彼女たちの効率的な付加価値の生産も**日本の経済成長にはなんら貢献していない**ということに。そして、その膨大なオタク市場の売り上げが計上されていないとすれば、**日本のＧＤＰは実際よりかなり低く算出されているのでは……。**

……………。いや、**きっとしてるよね。**アイドルもＪＫ（ジョン・キングさん）も、運営してるのは立派な大人なんだから、**してるに違いないよ。ちゃんと僕らの支払った金額から正当に税金が納められているに違いないよ。**ああよかった。やっぱり日本の人たちはちゃんとしていてよかったなぁ。ほっ。

……まあしかし正直なところ、テレビでよく見るような一流芸能人や一流文化人さんでも、とんでもない所得隠しが発覚して**ある日突然レギュラー番組からいなくなる**というケースが散見される日本社会、ネットビジネスなど捕捉が難しい経済活動の増加もあいまって、日本のＧＤＰもまた正確さにおいては割と議論の余地はあるようです。
というわけで、２章にわたってＧＤＰのお話をお送りしました。

14

# インフレーション

ゲスLINE画像が流出した丘根《おかね》くんの価値と、インフレーションの仕組み。

この章のテーマはインフレーション、通称「インフレ」です。

インフレとは、簡潔に言うならば**お金の価値が下がる現象**のことです。

ただし、「インフレとは、**物価が全体的に上がる現象である**」と説明される場合もあり、そちらで認識している方のほうが多いかもしれません。インフレすなわち値上げだと。

たしかに「お金の価値」と「商品の価値（物価）」はシーソーの両端であり、片方が上がれば片方は下がるものです。また、いろんな物やサービスをとりまとめて価格を追う「消費者物価指数」などを参考に「〇％のインフレ」と表記されたりするので、どちらかと言えば「インフレは物価の上昇」と捉えられがちです。

「お金の価値が下がる」も「物価が上がる」も結果として起こることは同じなんですが、ただ、こういう考え方ではどうでしょうか？

あるところに、**丘根《おかね》くん**という人気のバンドマンがおりました。

10代でメジャーレーベルからデビューを果たし、ＭステやＣＤＴＶにも出演して全国区の知名度を得た丘根くん。そんな彼にとって、女性を口説くのは実にたやすいことでした。ステージをこなすことで顔も体も引き締まり、地位も名声も財産も手に入れ……、男としての価値が究極まで高まった丘根くん。彼にとってはどんな女性も簡単に落とせる獲物であり、あらゆる女性の上に立った気分に丘根くんはなっていました。

ところが、あまりに度を超した火遊びが誰かの恨みを買い、ある日の週刊誌に、丘根くんがファンの女性に送った**ゲスＬＩＮＥ画像**が掲載されてしまいます。その赤裸々でドスケベで専横的な文面は世間の大バッシングを受け、さらには「MeeToo」「MeeToo」と後に続いて彼の悪行を告発する被害者も続出。そして一気に仕事を干された丘根くんは、ストレスで酒浸りになり薬に手を出し盗撮しながらひき逃げをして逮捕されるに至りました。

地位も名声も財産もすべて失い、不摂生でぶくぶく太った丘根くんは、男としての価値が失墜しました。今やそんな彼に憧れる者は誰もおらず、女性を口説くことなど夢のまた夢。丘根くんにとってすべての女性は手の届かない**高値の花**になりました。あらゆる女性の下にいる気分に、丘根くんはなっていました。

……………おわかりかと思いますが、ここではお金を丘根くんに、物価を女性に擬人化しています。

今のエピソードでは、前半から後半に至る過程で「女性全体の価値が上がり」「女性全体から見た丘根くんの価値が下がり」、そして「丘根くんから見た女性全体の価値が上がり」ました。ここでポイントとなるのは、**丘根くんの価値が下がるから、女性全体が高値になる**という点です。まず始めに丘根くんの価値が下がり、それによって丘根くんから見た女性全体の価値が上がっている。

これが逆に、**まず女性全体の価値が上がって、そのせいで丘根くんの価値が下がる**、という状況が起こることはあり得るでしょうか？　……ないことはないかもしれません。でも、確率から考えて、「女性全体の価値が同時に一律に上がる」という状況は、あまり現実的ではなくないですか？

男性も、女性も、百人百様です。国民的な有名人だって道を誤れば一夜にして「メンバー」や「容疑者」に成り下がってしまうということは、我々もよく知っています。時を経て高値の花になる人もいれば、枯れ草になる人だっている(涙)。

それならば、まず「女性全体の価値が一律に上がり」、それによって「相対的に丘根の価

丘根くんの価値ダウン↓

丘根くんの価値アップ↑

値が下がる」というケースはちょっと現実味がない。しかし最初に「丘根の価値が下がり」、そして**「丘根の価値が下がったから女性全体が相対的に高値になった」**という順番であれば、「女性全体の価値が一律に上がる」現象にも納得感が出ます。

インフレも同じで、インフレをただ「全部の商品が同時に値上がりする現象」だと考えるよりは、1．お金の価値が下がる　2．お金の価値が下がったことにより相対的に物の価値が一律に上がる　という解釈をしたほうがより自然です。まあ、オイルショックみたいな値上がり主導の例外もたまにあるんですけどね……。

インフレはどういう時に起こるかという

と、ひとつは**景気がいい時**です。なんとなく経済が活発になってお給料が上がって、みんなが「近ごろ私たちは〜、**いい感じ〜〜♪**」と舞い上がっているような時。そういう時には、市場はインフレに向く傾向があります。

「景気がいい」のに「お金の価値が下がる」ことには違和感を持たれる方もいるかもしれません。むしろ「お金の価値が下がったら景気も悪くなる」のほうが感覚的にはしっくりくるというか。その点について、インフレの流れの具体例を出しつつ、感覚の修正にトライしてみたいと思います。

現実の商品は多種多様すぎるので、ここでは物価の対象を絞るために、再び「『お金』の働き」の章で登場した架空の通貨・**AKS**で考えてみたいと思います。

どうせもうお忘れでしょうが(グレ気味)、AKSは「あくしゅ」の頭文字を取って名づけられた通貨です。そしてこの通貨は、**モーニング娘。市場において、「ピンポス(ピンナップポスター)1枚が5AKSと、握手券1枚が20AKSと交換できる」というルール**があります。

モーニング娘。市場がある国を「モーニング国」としますが、モーニング国で売買が行われている商品はピンポスと握手券のみです。外国に行けばもっと多種多様の商売がありますが、全国民がアイドルファンであるモーニング国では、他の物など不要です。**アイドルファンたるもの、メシなど食わずとも推しメンがいれば生きていけるのですから。**

さて。唐突ではありますが、モーニング国の、**景気がよくなりました。**商品が2つしかない国でいったい国民はなんの仕事をしてるんだ？　というところは**スルーしていただいて、**ともあれ一定期間で国民の賃金は上昇、平均月収は半年前の1000AKSから1500AKSへ、5割も増えました。どのファンもみな気分が高揚、「超超超！　いい感じ！　**超超超超いい感じ～♪**（『恋愛レボリューション21』より）」とフリコピしながら好景気に小躍りしています。

では増えた賃金はなにに使うか？　そりゃあファンですもの、**推しメンにつぎ込むのがルールです。**人々はみな5割多い軍資金を握りしめ、物販コーナーに向かいます。まずは欲しいのは握手券です。ピンポスはあまり大量にあっても置き場に困りますが、推しメンとの握手なら何兆回しても飽きることはないですからね。今までより握手の機会が5割も増えるなんて、好景気さまさまです。

ところが、運営の側、モー娘。陣営からしたらどうでしょうか？

もともと握手会が開かれるたびに握手券は完売しており、握手券を増刷しようとしても、過密スケジュールのメンバーを5割も余計に働かせるのは物理的に無理です。じゃあメンバーの数を増やしたらどうか？と思っても、歌割りやダンスフォーメーションへの影響を考えると、簡単に新メンバーを加入させるわけにもいきません。

つまり、需要が5割増しになっても、**供給が追いつかない**という状態になります。

そこで運営側はどうするかというと、**値上げに踏み切ります。**需要を落ち着かせて混乱を避けるためでもあり、なにより自分たちの収入も景気に見合ったものにするためです。もちろん握手券にあわせて同じく需要の増えているピンポス、レア価格のついていた卒業生ピンポスも同時に値上げをします。そうして市場の物価が、一律に上がるわけです。

「景気がよくなるとインフレが起こる」のはこのような流れです。所得が上がったモーニング国民が「超超超！　いい感じ〜♪」と活気づき、推しメンへの恋心を膨らませ物販に押し寄せる。そして供給を上回る需要が物価を引き上げ、インフレを起こします。

まあ所得の増加がインフレの必須条件かというと、景気は所詮「気持ちの問題」なので、理論的には所得が下がっても国民の気持ち、推しメンへの恋心が暴走すれば物価を上げる可能性はありますけどね。所得と恋心は別問題というか、**どんなに不景気だって、恋はインフレ〜ション〜〜〜♪**（『LOVEマシーン』より）なんですよね。

……………。

まあ**そうは言っても、**人間、収入が増えないのに「景気がいいなあ」と感じることはあまりないので、ここでは賃金が5割増えたとして、今一度アイドルファンの視点に立ってみます。するとインフレで商品が値上がったことにより、ファンは**お金の価値が低くなっ**

**た**ことを実感するはずです。だって今まで20ＡＫＳ出せば買えていた握手券が、30ＡＫＳ払わなければ買えなくなってしまったのですから。「10ＡＫＳ紙幣」を眺めながら、「あーあ、先月まではこれ2枚でふくちゃんと握手できてたのに、今は3枚払わないとダメなんだもんなあ～」とふくちゃん推しのファンが嘆いているシーンを想像してみてください。ね？ 景気はよくなったのに、お金の価値が下がっているのがわかるでしょう？

では、そういうのがインフレだとして、じゃあインフレはいいことなのか？ それとも、悪いことなのか？ いいのか悪いのか？ **どっちなんだいっっ!!(なかやまきんに君ふう)**

インフレは景気がいいと起こりやすい。そして、インフレが起こると、お金の価値は下がる。うーん……、景気がいいとインフレになってお金の価値が下がるんなら、**結局なにも起こってなくない？** 所得が増えてもその分お金の価値が下がって物価が上がったら、**損得で言えばプラマイゼロじゃん。**という発想になりそうではありあります。

ただ、経済学的には**「年2～3%くらいのゆるやかなインフレが望ましい」**とされていいます。**少しインフレ気味のほうが、景気のためにはいい**んです。

たしかに、お給料が5%上がっても、5%のインフレになったら実質賃金は変わりません。実質的に所得は増えていない、ということになる。ところが、何度も述べたように景気というのは「人々の気持ちの問題」が大きく、そして、**人は名目賃金が上がれば楽しい気**

**持ちになる**ものです。「実質賃金も名目賃金も１％上がった」という状態より、「実質賃金は変わらないけど名目賃金が３％上がった」という状態を人は喜びます。

これは私も経験から実感していることなんですが、人の心理には、**物価はどうあれ、お金をたくさん持っていたら使いたくなる**という傾向があるんです。

私は10年以上前に、トルコを旅していたことがあります。当時のトルコは、**年に50％のインフレ**という、まさにモーニング国と同じスピードの物価変動が起きている最中でした。そして、物価が上がっているということはお金の価値が下がっているので、通貨の両替をした時に手に入る金額が多くなります。私はアメリカドルを現地通貨のトルコリラに両替したのですが、その時のレートは**１ドル＝１６６万リラ**でした。入国した日に４００ドルを替えたところ、私の財布には**６億６千万リラ**がやって来ました。

インフレの最中ですから、名目の数字だってことは頭ではわかっているんですよ。私は実質金持ちではなく、**名目金持ち**です。……でも、**たとえ名目金持ちであっても、７億近くの資産を手にしたら人は大きな気持ちになるもんです。**

物価も高いんですよ。有料トイレを使うのに35万リラ、コーラ１本１００万リラ、洒落たレストランでトルコ料理を食べれば**５０００万リラ**かかります。でも、それでも物価より資産の数字のインパクトが勝ってしまい、**「まあ俺７億も持ってるんだから、５０００万**

**くらい安いもんだぜ」**と、**桁があまりにも大きいためわけがわからず散財してしまう**ようになるのです。やっぱり庶民が大金を手にするとろくなことになりませんね……。

ただ手持ちのリラがあっという間になくなっても、また銀行に行って３００ドルを両替すれば**５億の資産**が作れます。そして「ガッハッハ！　**俺はトルキッシュのドンファンだぜ!!高い料理ばんばん持ってこい!!**」と、非常に荒い金遣いを見せることになるのです。

でも、**みんながちょっとだけ金遣いが荒くなる**、これが実は経済のためには大事なんです。

お金は「経済の血液」と呼ばれるくらいで、経済は人がお金を使わないと回りません。みんながお金を使うようになれば、お店の売り上げもお給料も増えて、景気はよくなるんです。景気がよくなればまたお店の売り上げもお給料も増えて、もっと景気がよくなる。すると国の税収も増えて社会保障や教育や治安にももっと予算が割けるようになる。その循環を考えれば、たとえ実質賃金がたいして変わらなかろうと、物価にあわせて名目賃金そして人々の気持ちもいい感じにアゲてくれるインフレのほうが好ましいんです。人がお金を使わなくなったら景気はおしまいですから。

ただ、そうは言ってもインフレもスピード感を間違えると、逆に経済に大混乱をもたらしてしまうこともあります。その「混乱を招くインフレ」について、次章で解説してみたいと思います。

# 15 ハイパーインフレ

そうあの時、まさにジンバブエを一人で旅していた、私の悲しい体験記……(涙)。

インフレが起こる理由として、前章では「景気がよくなる」という要因を挙げました。お給料が上がってみんないい気分、出費がバンバン増えれば需要と供給のバランスが崩れて物価は上がります。

そしてもうひとつ、経済の歴史を眺めて「これをやるとインフレになる」という典型的なパターンがあります。それが、**「紙幣を大量に刷る」**です。

政府が紙幣を無計画に刷りまくり、それを流通させればその通貨の価値は暴落します。もしもある日、庭や河原の石ころが全部ダイヤモンドになったら、ありがたみが消えダイヤモンドの価格は暴落しますよね？　もしもある日、**日本人男性が全員キムタクになったら、**ありがたみが消えキムタクの価値は暴落しますよね？　もしもある日、日本人女性が全員新垣結衣ちゃんになったら、……………**ああ～～んそんな夢の世界になってほしいぃ～～んっ。**

……………。

**そうじゃなくて、**宝石もイケメンも美女も、そして通貨も同じで、**世の中に出回る総量が増えれば、その分価値は下落する**んです。価値の下がったお金はたくさんまとめないと価値が出ないので、その通貨を使う国ではお給料（名目賃金）も増えるし、商品やサービスの対価として要求されるお金の量……つまり物価も高騰します。

この「紙幣を刷りすぎることで起きるインフレ」は、一歩間違えれば経済を破壊するほどの恐ろしさをはらんでいます。そしてどういう時が「一歩間違えた時」かというと、**インフレのスピードをコントロールできなくなった時**です。

インフレの中でも、特に「3年間で物価が2倍以上になるスピードのインフレ」のことを、**ハイパーインフレ**と呼びます。しかし「3年で2倍」というのはかわいいほうで、ひとたびハイパーインフレが起きたなら1年で物価が10倍20倍と暴騰することも珍しくなく、経済は大混乱に陥ります。

前章でも述べましたが、インフレは「年2～3％の進行」でしたら歓迎すべき事態です。

物価も所得も連動して緩やかに上がり、国民の多くがなんとなく「超超超！　いい感じ！超超超超いい感じ！」とワクワクできていたら経済的にはバッチリです。

ところが、まれに経済オンチな人間が権力の座につき、「なに、金がない？　**じゃあ刷ればいいだろ!!**」とスピード感も後先も考えず、大量にお金を刷ってしまうことがあります。するとその通貨の流通量は急増し、世に溢れた紙幣は**石ころ程度の価値**しか持たなくなります。

そうなれば商品を売る側は「通貨の価値が下がったんだから同じ値段で売ってたら大損だ！　値上げだ値上げ!!　札は束で持ってこい!!」となり物価がドカンと上がる。それまでなんとなく「超超超！　いい感じ！」とアゲアゲな雰囲気で歌っていた人々も、物価上昇スピードが想定の範囲を超えると「超超超！　いい感じ！　超超超超超超**超超超超超超超超チョーーーーーーーーーーーッ!!!　チョーーーーーーーーーーっと待って!!!　なにこの値上げの超超超スピードっ!!　やばいっ、早く買い物に行かないとまたすぐ値上がる!!!　値上がる前に買っちまえ!!　あれもこれも買い占めだああ!!!**」と、**パニック状態**に陥ります。そしてパニックは商品に対する膨大な需要となりさらなる値上げを呼ぶ。

ハイパーインフレのなにが悲惨かというと、**貯金の価値がなくなる**ということです。例えば「物価が10倍になる」ということは、**「なにもしてないのに貯金が10分の1に減る」**こと同じなんです。小学生のお子さんがニンテンドースイッチを買うために一生懸命お手伝いをしてお駄賃をもらい、ようやく貯まった3万2000円を握りしめておもちゃ屋さんに行ったら、ニンテンドースイッチの売値が**32万円になっていた**、という悲劇を起こすのがハイパーインフレです。きっとお子さんは号泣するでしょう。ああ楽しい。

そんな世界では、人々は**座して貯金の消滅を待つくらいならすぐに全額使ってやる**と、必要以上に買い物をします。お給料だって持っているとどんどん価値が減ってしまうので、なら値上げの前に使え使え物をよこせと、あらゆる商品・サービスの需要が爆裂に増える。

しかし一方、売る側としては**早く売ったら損**なんです。今日より明日、明日より明後日のほうが高く売ることができますし、そもそもお金はどんどん価値が減っていくのなら、**売り物をお金に換えるメリットがほとんどありません。**結果、需要は爆裂に増えているのに供給は日に日に減っていき、インフレがインフレを呼んで物価の上昇は止まらなくなるわけです。

実際に近年とんでもない規模のハイパーインフレが起こった国が、アフリカのジンバブエです。

ジンバブエでも、独裁者であるムガベ大統領が、財政赤字を埋めるために**「金がないなら、刷ればいいだろ!」**と短絡的な発想でジンバブエ・ドル(以下Zドル)を刷りまくり、紙幣が市場に溢れてハイパーインフレが発生しました。

たまたまですが、私はそのハイパーインフレのちょうど初期に、バックパックを担いでジンバブエを旅行していました。「3年で物価が2倍になる」というハイパーインフレの条件を満たすにはおおむね「1年で26％のインフレ」が必要ですが、私が滞在していた年のジンバブエのインフレ率は**年139％**、1年で物価が2・4倍になるという数字でした。翌年が385％、その翌年が624％なのでまだ139％はたいしたことなく感じられますが、それでも経済に混乱の兆しはありました。

印象に残っているのは、**とにかく両替が大変だった**ということです。というのは、アメリカドル（以下USドル）とZドルを交換する時の、公定レートと闇レートの数字がかけ離れていたんです。当時、銀行で両替する際の公定レートは1USドル＝55Zドルでした。ところが闇レートだと、**1USドル＝1000Zドル**くらいになるのです。

ということは、**銀行で両替をしたら大損**なんです。

この背景をがんばって説明してみますと、ジンバブエのムガベ大統領は、紙幣を刷りまくるという失態でインフレを引き起こしたものの、「俺の政策が原因でインフレなんか起こるわけないだろ！」と、自分の失敗……すなわち**インフレが起きているという事実を認めない態度**を取っていました。しばらく後には、「物価が高いのはインフレのせいじゃなく、悪徳商人が値上げをしたせいだ！」と、責任を国民に押しつけて**値上げを禁止する命令**を出し、根本的な解決については知らんぷりを決め込んだほどです。

インフレが起これば、その通貨は価値が下がるので、他の通貨（外貨）に対して安くなります。例えば今はだいたい１００円あれば1ＵＳドルと交換できますが、仮に日本円の価値が10分の1になってしまったら、１０００円出さないと1ＵＳドルと交換してもらえなくなります。これが円の価値が安くなる、円安です。反対に、たった50円で1ＵＳドルと交換できるようになれば、それは円の価値が高くなったわけなので、円高です。

というように、インフレが起きれば外貨との交換レートも柔軟に変わっていくのが普通ですが、ジンバブエでは大統領がインフレに正面から向き合おうとしなかったため、公的なレートを物価にあわせて柔軟に変えていくことができなかったのです。

ここに関しては公になっている情報が少なく、私の推測も介入してしまうのですが、銀行など表立った金融機関は政府に直接指示されていたり、あるいは銀行の側が独裁政権に忖度し、なかなか公定レートを変えられなかったのだと思われます。しかしいくらお上《かみ》が「インフレなんて認めねえ！」とがんばっても現実の市場では物価がどんどん上がっているし、現実の市場で採用されているレート……闇レートにはしっかり「神の見えざる手」が伸びるため、需要と供給の関係でZドルはぐんぐん安くなり、公定レートとの差が広がっていったのでしょう。

ちなみに、後に先ほど触れた「値上げ禁止の命令」が出た後も、お店では表向き値段を変えないフリをして、しかし店頭から商品を全撤去、闇市場に回してとんでもないインフレ価格で取引するということが行われたそうなので、通貨についても同様の状況になっていたと考えて矛盾はないと思われます。


で、**両替が困ったんですよ。**


旅行の時はUSドルを持参して現地通貨に替えるのがいつものやり方なんですが、銀行に行っても公定レートなわけです。町の物価はインフレしているのでコーラ1本が500Zドルくらい、これを公定レートの1USドル=55Zドルで両替した後に買うと、**コーラ1本が1000円**になってしまいます。1USドル=1000Zドルで替えられるなら500Zドルは50円なので、それぞれのレートには20倍もの開きがあります。

かといって現金を諦めクレジットカードでショッピングやキャッシングをしようとしても、それもまた公定レートで計算されてしまうんです。カードを使うと、なにを買うにも実勢価格の20倍の料金を支払わなければなりません。

そこで仕方なく闇両替をすることになるのですが、「闇」とついているだけあって、慣れないうちはこれがなかなか怖いんです。

私が最初に闇両替を経験したのは、南から陸路でジンバブエに入国し、初めて到着した国境近くの町でのことでした。「マシンゴ」という町でしたね。忘れもしないよ。

銀行ではレートが悪すぎる、しかしガイドブックにも闇両替をする方法など書いてない、どうしたものか……と途方に暮れて町をふらつく私。すると、どこからともなく丸刈りの黒人さんが現れ、声を潜めて「エクスチェンジ？（両替するか？）」と囁《ささや》いてきたのです。

ここが新宿歌舞伎町だったらダッシュで逃げるシチュエーションなんですが、ここは**歌舞伎町ではなくジンバブエ**なので、なにしろZドルを手に入れなければ食事も宿泊もままなりません。生まれて初めてジンバブエに入国した夜に宿がなかったら、人間は割と命が危ないです。ということで私は恐る恐る、黒人さんにレートを尋ねてみました。

その方の言い値が1USドル＝1000Zドルだったので、私は一か八か「じゃあ200ドル分だけお願いします！」と頼んでみました。すると彼は「OK、じゃあ兄貴を呼ぶぜ！」と言って携帯電話で誰かに連絡、数分後には、ドレッドヘアで超筋肉質の、**プレデターと戦っても3勝2敗くらいで勝ち越しそうな屈強な黒人の兄貴**が車でやって来ました。なんでも町中は警官の目があるため、両替は兄貴の自宅で行うそうです。私はそのまま車に拉……乗せられ、2人の最強黒人タッグに挟まれて町を出ることになりました。

少し走るとすぐに家も舗装道路も消え、山道です。走っている車はこの1台だけ。車内にいるのは六流もやしっ子と呼ばれた私と、5分前にジンバブエの道端で出会った、**三国志時代にいたら関羽・張飛組と殴り合いをしても3日くらいは戦い続けられそうな最強黒人タッグチーム**。そしてここはアフリカの辺境の山の中……。ふと我に返った私は「あれ？　これってよく考えたら、チマチマ闇両替なんかするより**僕を殺して山に捨てて荷物だけ取ったほうがよっぽど効率的に稼げるよねこの人たち。ははははっ**」と気づいて震え始めました。

ところが私が惨めな人生を携帯式走馬燈を回して振り返っていると、車は山奥の一軒家に到着、兄貴の奥さんやかわいいお子さんが**とてもいい笑顔で**出迎えてくれました。そして兄貴宅でお茶などご馳走になりながら、**ほのぼのムードで**和やかに両替をしてもらえたのでありました。その後もちゃんと町まで送ってくれたし、**殺人鬼だと疑ってごめんなさい善良なジンバブエ人さん（涙）。**

そうして私はめでたく**20万Zドル**という大金を手にし、スーパーで贅沢にお菓子を買い込み夜は大富豪の気分になって気を緩めて就寝したところ、**翌朝朝食を食べている間に全財産を盗まれました（マジで）。**走馬燈まで出てくるほどの恐怖に打ち克って両替をしたのに、両替したZドルと、**全現金である1000USドル、そして8000USドル分のトラベラーズチェックをまとめて盗られました。**かろうじて残ったのは、ポケットの財布に入っていた5000円分くらいのZドルだけです。

日本円換算で100万円くらいあった所持金が、次の日の朝にはいきなり5000円、200分の1の金額になってしまいました。私からしたら**ひと晩で200倍のインフレに襲われたようなものですよ。**さすがハイパーインフレの国だなあ。お金の変動が半端ないね（号泣）。

……まあ個人の思い出話はこれくらいにしまして、私は滞在時に1USドル＝1000Zドルで両替をしたわけですが、その後インフレがピークを迎えた2009年の時点では、ジンバブエの両替レートは**1USドルが2500000000000Zドル（2500億Zドル）**にまでなったそうです。「平均して1年で26％のインフレ」なら「3年で2倍の値上がり」というハイパーインフレの条件を満たしますが、あるシンクタンクの計算によると、ピーク時のジンバブエのインフレ率は**1年で89700000000000000000000％（897垓％）**まで上昇したそうです。こうなるともう並んだ0の数を見ても実感が湧きませんが、**（897垓％）というカッコ書きの補足を見てもどんな数なのかまったくわかりません。**

世界史の教科書などで、第一次世界大戦後のドイツの人々が、お札をリヤカーに山積みにしている写真や絵を見たことはないでしょうか？

ドイツは戦争に負け、莫大な賠償金を賄うために紙幣を大量に発行しとんでもないハイパーインフレを引き起こしました。それと同じ状況が90年後のジンバブエでも発生したのです。末期のジンバブエでは**リヤカーに紙幣を山積みにしてもパン1個しか買えない**という状態で、1日どころか1時間ごとに値は上がり、物価が**1日で3倍**になることすらあったとか。

これって、パン屋さんからしてみると、品不足とはいえ1日で100個はパンを売るでしょうから、そうすると**1日でリヤカー100台分のお札**が手元にくることになりますよね。で、お会計時には当然お金を数えなきゃいけないでしょう？　でもリヤカー100台分のお札を数えるにはまる10日はかかると思うんです。もしその10日の間に物価が1日3倍のペースで上がっていったら、パン屋さんがようやくお金を数え終えた時点で**物価が9日前の1万9千倍**になり、**せっかく数えた紙幣もゴミ同然**ということになります。まあもともとゴミに近い雰囲気はありましたけど……。またその日の物価でパンを100個売るとすると、今度は**リヤカー150万台分の紙幣**が代金として支払われることになります。置くとこないよ。

でも実際どうやって金額を確認していたんでしょうね。面倒くさいから確認なんてしなかったとすれば、絶対**中に石とか詰めて支払いした悪いやつ**がいそうです。

一応そういう持ち運びの苦労に対処するため額面を大きくし、最高で**100兆Zドル紙幣**までできたそうなんですが、その100兆Zドルでも買えるのはパンが2、3個という有様だったようです。

最終的に、ジンバブエではZドルを見限り、USドルを通貨として使用するようにしてハイパーインフレを収束させました。USドルならアメリカ政府（アメリカの中央銀行であるFRB）に発行量が管理されているので、通貨として安定していますからね。

ともあれ、ハイパーインフレは「物が高いなあ」というレベルを超えて、貨幣経済をまるごと崩壊させてしまう恐ろしい現象です。みなさんの中でもし将来大統領になる予定の方がいましたら、通貨の発行量にはくれぐれも細心の注意を払ってくださいね。

# 16 デフレと財政赤字

## 少年マンガでもしも「強さのインフレ」ではなく「強さのデフレ」が起こったら？

すでに述べたように、経済的に望ましいのは「ほどほどのインフレ」なのですが、では我が国はちゃんとその状態になっているか？　というと……、残念ながらなっていません。日本経済はインフレではなくその反対、**デフレ**の状態にあります。

デフレとは**デフレーション**の略で、インフレとは逆に**物価が継続的に下がっていく状態**を言います。

「物価が下がる」ということは「お金の価値が上がる」ということですが、デフレの説明には「お金の価値が上がる」より、**「通貨不足」**という言葉が用いられることが多いようです。通貨不足、それに加えて**需要不足**の状態がデフレを引き起こすとされています。

ある国の経済がデフレに陥る流れをイメージしてみます。

まず、なぜ物価が下がるか？　というとそれは**みんながお金を使わないから**です。みんながお金を使わなければ、どの商売であれ「お客さんが少ない」状態になる。お客さんが少ないというのは**需要不足**ということであり、需要が不足していれば商品が余ります。でも商品やサービスを無駄にする……例えば売れ残り品を廃棄したり従業員を遊ばせておくのはもったいないので、供給者は売り切るために商品・サービスの値段を下げます。つまり、物価が下がる。物価が下がれば供給者の売り上げも減るので従業員のお給料も下がる。お給料が下がれば、みんなお金を使わなくなる。みんながお金を使わなければ（※以下繰り返し）。

どの部分がスタート地点なのか、まず物価が下がることがスタートなのか、それともお給料が下がることがスタートなのか、そこは**どの部分でもスタート地点になり得る**んですが、ともかくぐるぐるぐるぐると、そんな悪い循環に陥っている状況がデフレです。

その循環の中で「使われていないお金はいったいどこにいるのか？」と考えてみると、多くのお金がタンス預金なり銀行口座なり会社の金庫なりに隠れてしまっているわけです。その分、市場に出回る通貨は不足する。よってデフレとは需要不足であり通貨不足である、と表現できます。

ちょっとややこしいことを言いますと、個人の口座なりタンスなりにお金があるならば「マネーストックの不足」という意味での通貨不足ではないんですが、ここではあくまで日本語の額面通りに「通貨不足」という言葉を使ってみています。

ともかく、通貨が不足していれば、稀少なお金を手に入れるために供給者は商品の値段を下げるわけです。そして商品やサービスの値段が下がれば売り上げもお給料も下がり、以下同文。

「デフレ」と「不景気」は必ずしもイコールではありません。なにしろデフレのほうには「物価」というしっかりした基準があるのに対し、景気の善し悪しは**人々の気持ちのアガり具合**に寄るところが大きいのですから。なので一概に「インフレは好景気、デフレは不景気」と断定できるわけではないです。

ただ、どうでしょう？　インフレとデフレでは、どちらがより私たちの気持ちがアガりそうでしょうか？　どちらのほうがよりワクワクしそうでしょうか？

試しに、**マンガで考えてみましょう。**

少年マンガでは……特に王道のバトルマンガでは、必ず**強さのインフレ**が起こります。3章でも述べましたが、1巻では近所の野原で殴り合いをしているちびっ子キャラクターたちが、5巻では本格的な武術を学び10巻では**手から虎や龍を出すようになり**、15巻では空を飛び20巻で変身し**25巻で神や悪魔と戦い30巻で別の銀河に進出する**、そんなふうに、巻を重ねるごとに登場人物がぐんぐん成長していくのが少年マンガです。しかしそんなインフレ気味のストーリーにこそ、我々少年読者は「次はどんな強敵が出てくるんだろう⁉」と、いい感じにワクワクしたものです。

一方で、**強さのデフレが起こる少年マンガ**というのは見たことがありません。1巻では空も飛び光線も出していたヒーローが、巻を重ねるごとに「わりぃ、オラ修行サボってたらかめはめ波出せなくなっちまってさあ。今日の試合、飛び道具なしにしてくれねえか？」「望むところだカカロット。俺も近頃はビールを飲みすぎて、腹が出て飛べなくなったからな」「うう、わりぃベジータ、オラ去年あたりから膝が痛くてたまんなくてさあ……チチに連れられて病院行ったけども、もう年齢的に軟骨の変形がどうしようもねえみてぇで……。戦うどころか歩くのもままならねえし、試合は中止にしてくれねえか？」「望むところだカカロット。俺もこの冬は肝硬変を放っておいたら食道の静脈瘤が破裂しちまって、やっと先週集中治療室から出られたとこだぜ。介助なしでは外出もできねえさ」「そうかおめえもか……。お互い歳は取りたくねえもんだなぁ……」という具合に、**登場人物すべてがどんどんどんどん弱くなる、強さのデフレが進行するマンガ**は、おそらく日本のマンガ史を振り返っても1冊も存在しないのではないでしょうか？　だって、そんなの読んでも**全然ワクワクしねえ**ですから。現実を逃避できる娯楽のマンガにすら生老病死の現実を突きつけられたら、少年読者のテンションは仏門に入ってしまうくらいだだ下がることでしょう。

強さのインフレで気分がいい感じ～♪　になれば、読者も「よーしお金を使って次の巻も買おう！」となると思うんですよ。でもデフレのストーリーで重々しい気持ちになってしまったら、**「こんなマンガにお金を使うくらいなら貯金しておこう」**と、財布の紐が固くなりお金は引っ込んでしまいますよね。そう考えると、人々の気分もアガるしお金も使うようになるインフレのほうが、デフレよりずっと好ましい状態だということになります。

まあインフレにも程度はあるので、行きすぎて「全キャラクターが地球を破壊できる」という**強さのハイパーインフレ状態**にまでなってしまうと、話の収拾がつかなくなって逆効果ということもあるんですけど。3年で2倍以上の物価になるのがハイパーインフレなので、**「3巻で2倍以上の強さ」**になるのが強さのハイパーインフレです、多分。なんとかそこを超えないよう、ストーリーの進行スピードには気をつけたほうがよさそうです。経済もマンガも、インフレはほどほどがいいんですよ。年2～3％くらいが。

……で、残念ながら、今の日本はデフレなんです。

デフレを判定するための指標もいろいろあるんですが、消費者物価指数から計算されたインフレ率では、日本は1999年から2005年まで7年連続でマイナス、ほぼ0が続いた後で2009年から2012年も4年連続でマイナス、2016年もマイナス。2017年は0・5%ほどのプラスになっていますが、まだ「デフレから脱却した」と言い切れる段階ではとてもないと思われます。

では、どうして日本はデフレになったのか？

識者の方々の説では、「バブル崩壊」「円高」「消費税増税」「リーマンショック」などがデフレを生んだきっかけとして挙げられています。ただし最終的に行き着くのは、**そういういろいろな要因を段階的に経て、日本人に「デフレマインド」が染みついてしまった**、というゴールです。

デフレマインドすなわち、デフレっぽい考え方。なんかテンションが下がって、ワクワクしねえ感じ。

結局のところ、決め手は気持ちなんですね。好景気だと思っていたらバブルが弾けた、消費税のせいで生活が苦しくなった、リーマンショックで派遣を切られた、いつ地震や台風がくるかわからない、**そんなこんなで、とてもお金を使う気にならない。**いつかなにかあるかもしれないから、なるべくお金は使いたくない。使うにしても少しだけ、買い物の時は**お店で展示品を十分精査してから、ネットで最安値を探して注文する。**

国民全体がそういうせせこましいマインドになってしまっていて、たしかに「最安値の商品」を買えば一人一人は得をするんですが、その消費者のシビアな態度がお店に「最安値保証！　**他店より1円でも高い場合はお申しつけください！**」と言わせてしまい、値下げ競争からのデフレ促進で自分たちの首を絞めてしまっているんです。

難しいのは、**デフレを終わらせるためにはマインドを変えなければいけないが、デフレが終わらないとマインドは変わらない**という点です。ここには「ねえ、水泳の練習しなよ！」とドラえもんに言われ、**「もう少し泳げるようになってから練習するよ」**と答えるのび太くんのようなパラドックスがあります。

通貨不足を解消するには、銀行口座やタンス預金で隠れているお金を、市場に出してこなければいけません。そのためにはなにより「楽しい雰囲気」が必要です。楽しい気分でなければ人はお金をバンバン使ったりはしませんからね。「隠れているお金」は、**天岩戸《あまのいわと》に隠れた天照大神《あまてらすおおみかみ》**のようなものです。岩戸の外でアメノウズメが踊り、神々がどんちゃん騒ぎをすることで天照大神が「あら？　あの楽しげな騒ぎはなにかしら？」と出てきたわけです。同じく金庫や銀行に隠れているお金も、人々が楽しげに**「近ごろ～私たちは～、超超超いい感じ～～♬」**と歌い踊っていればこそ**「あら？　いったいなにがいい感じなのかしら？」**と市場に現れるんです。

ところが、そもそもデフレで売り上げも給料も減っているのに、いい感じ♪　になんてなれるわけがない。いい感じになれないからお金は姿を現さず、市場に流通しない。お金が流通しなければデフレを退治できないのでいい感じになれずお金はますます回らない。繰り返し。……というパラドックスの中で、デフレの国はもがくことになるのです。

さて、デフレは様々な弊害を生みますが、大きなところでは**国の税収が減る**という害も引き起こします。

デフレ下では人々のお給料が下がるわけですから、当然そこから収められる所得税や住民税も減ります。会社の売り上げも減っているので法人税も減ります。買い物しないので消費税も減ります。お酒もたばこも自動車も。全体的に税収は大きく落ちます。

税収はそのまま国の予算になるわけなので、予算が減ってしまえば社会保障や教育や治安の質が下がるという事態になりかねないのです。

ただ、社会保障や教育や治安の質が下がるという事態に、「なりかねない」です。必ずしもなると決まったわけではないところがポイントです。

というのは、国のサービスというのは、そう簡単に質を落とせないんです。以前の章で「実質賃金が変わらなくても、名目賃金が下がると人は不満に思う」と書きましたが、それは公的サービスも同じです。税収が減ったからといってそれに応じて公的サービスを削減したり廃止したりすると、**国民が文句を言います。**

これが一般の会社であれば予算がないものはしょうがないのですから、ある程度クレームを覚悟してでも見直しを強行するしかないでしょう。しかし、行政はその点に及び腰になりやすい。なぜなら、**削減を決めた人が選挙で落とされる可能性があるから**です。

仮に政府が医療保険や年金などの社会保障費を減らす、教育費の国民負担を増やす、そんな身を削る提案をしたとします。すると次の選挙では他の党が「我々が政権を取ったら、医療保険と年金の削減をただちに撤回！　教育費の補助もさらに増やします！」とやり、政権が交代するかもしれません。そうなれば身を削る提案もすべてなかったことになります し、**どうせそうなるんならバカバカしいので最初から削減なんて提案しない**となっても人の心理としてはおかしくありません。これは政治家の問題ではなく、投票する国民の問題です。

もちろん徐々に医療費や年金制度の改革は進められてはいますが、そもそも医療も年金も生活保護も教育も、国民生活の根本にかかわることですので、無慈悲に削るわけにもいきません。

では国はどうするかというと、**税収が減っても、予算は減らさないん**です。これが「収入より支出のほうが多い」という**財政赤字**の状態で、足りない予算の分は**借金をして賄う**ことになります。

政府の借金は誰からどうやってするのかというと、**国債**を発行して、金融機関や個人に売って（借用書として渡して）お金を集めます。株式のところで紹介した「社債」は覚えていますか？　企業が「○年後に△％の利息をつけて返すのでお金を貸してください」と呼びかけ、資金提供の証明書として渡すのが社債です。

同じ仕組みで、国が発行するものが国債です。政府は予算が不足する場合には、国債を銀行などの金融機関、あるいは金融機関を通じて個人に売り、お金を集めます。その借金で国の財政をやりくりするわけです。

ところが、日本経済はかれこれ20年以上も停滞しています。そのため税収は一向に増えず、毎年財政赤字で国債の発行は積み重なり、すでに返済すべき金額は利息を含めて**合計1000兆円**を超える額まで膨らんでいます。

国の財政収支が赤字のままでも、毎年期限が来た国債の元金&利息は返さなければいけません。赤字なのにどうやってお金を返しているの？というと、**毎年お金を返すために新たに国債を発行し、借金して返済に充てている**んです。借金をして借金を返している。

もし国でなく、一般人がこれをやったらどうなるでしょうか？　消費者金融から借金をし、期限までに返せないのでまた新たにお金を借りる。利息の分だけ借金は増えているので、次の返済額も増えてまた返せない。返せないのでまたお金を借りて、また次の返済額が増える。そしてどんどん借入額は膨らみ、やがてパンクする。

マンガの『闇金ウシジマくん』で実際にそういう状態になったＯＬさんが出てきましたが、そのＯＬさんは闇金業者によって**夜のお店に売り飛ばされ、さらに覚醒剤中毒にされていました。延々と稼ぎを搾り取られ、最終的に骨と皮だけの廃人になって繁華街の裏道に捨てられていました。**

………………。ひょっとしたら、**日本も将来同じ末路を辿ることになるのではないでしょうか。**近い将来、シャブ漬けの骨皮廃人になる運命が。一刻も早くアディーレ法律事務所に相談に行ったほうがいいのでは……。

まあ政府の借金はいろいろと事情が異なり、後に述べますが景気回復のためにあえて借金をしにいっているという面や、持っている資産とのバランスを考えればたいした額ではないという説、国はお金を刷れるんだからいくら借金したっていいんだという説、などもあったりするんですが、少なくともお金を返したほうがいいことと、お金を返すためにもデフレを終わらせたほうがいいことは間違いありません。

ではそのために、いったいどんな手が打てるのか？　その方法について、次の章で見ていきたいと思います。

17

# 財政赤字解消の手段

この世の借金という借金を0にする方法、教えます。

多重債務者の方、必見!!

デフレで物価が下がっていけば多くの企業で売り上げが落ちるので、従業員のお給料は減るし、リストラや有効求人倍率の低下で失業者が増えます。そうなれば人々の気持ちも落ち込み景気は悪化です。

国の財政の面から見ても、税収が減るのに加えて失業者に対しては失業保険を支給しなければならないので、デフレ下では財政は悪化の一途を辿ります。

まさにその状況が1990年代から長く続いた日本は、不足分の予算を補うために国債を発行して金融機関や国民からお金を借り、今では日本政府の借金は1000兆円を超えました。

政府は毎年返済期限が来た借金を返す（国債を償還する）ために新たに国債を刷っているので、累積の借金はバビーン！と増え続けるばかりです。『闇金ウシジマくん』の世界なら、今のところはジャンプ（お金を返すために新たに借金すること）に次ぐジャンプで膨らんだ利息だけひたすら払い続ける**闇金業者にとっての優良顧客**ですが、これが将来的にパンクして「もうダメだっ。金なら返せん!!　どうにでもしろ!!」となった暁には、男なら**遠洋漁業の船**に乗せられ、女性なら**ちょっとここでは倫理上内容を書きづらい性質のお仕事**をさせられることになります。……まあここまで散々名目おっぱいとか実質おちんぎんとか好きに書いておいて、今さら倫理もなにもない気もしますが。でも17章目にしてやっと倫理に目覚めたの私。

さあ、ではこの借金、いったいどうすればいいか。

ひとつだけ、借金解消のための劇薬があります。膨らんだ借金を一気にガビーン！と帳消しにする方法。

それは、**ハイパーインフレを起こす**です。

日本銀行は政府から独立した機関であり、というよりまさにハイパーインフレを起こさせないために日銀は政府から独立しているのですが、そこを政府首脳の息がかかった人物を日銀総裁に指名し、1万円札を刷りまくる。ふさぎ込んだ景気を鼓舞するため総裁自らテンションを上げてワッショイワッショイと、刷〜〜れ刷れ刷れお祭りだぁ〜〜♪　と紙幣を大増刷し、**1兆倍くらいのインフレ**にしてしまうんです。

1兆倍のインフレになるというのは、増えすぎた日本円が1兆分の1の価値になるということなので、1ドル＝100円のレートも1兆倍（1兆分の1）の**1ドル＝100兆円**になります。ということは、**10ドルで1000兆円**。私は旅行で使ったドルがいくらか残っているので、**日本の借金、私が全部返してあげますよ。**10ドルくらい祖国のためなら喜んで差し上げます。その代わり国民栄誉賞ください。

1000兆円の借金も、1兆倍のインフレ下では実質（インフレ前の感覚だと）1000円ぽっきりです。それなら無事に完済可能、男は遠洋漁業を、女性は**ちょっと倫理上内容を書きづらい性質のお仕事**を免れることができます。

政府の借金が消えるくらいなので、そうなれば個人の借金も軒並み消えます。例えば5000万円の住宅ローンを組んでいる人なら、インフレ後には1兆分の1で**実質0・00005円**にまで残高が減ることになります。その日のうちに全額返済できますね。まあそこまでの額になったら、銀行に「すみません住宅ローンを繰り上げ返済したいんですけど」と問い合わせても、「ああ、**もういいですわ！　返さなくていいよもう！　あげるよ**

**住宅ローン全額!!**」とそもその返済を免除されそうです。ただ一方で、たまたまアメリカ人の友人に500ドルほど借り、それを円に替えて持っている人がいたら、再び500ドルを返済するには**5京円を両替しなければならない**という天文学的な返済額となります。まあお給料も1兆倍だからいいんだけど……。

やはり劇薬というのは、作用と同時に副作用も激しいものです。ハイパーなインフレでたしかに借金はなくなりますが他方で貯金も実質1兆分の1に目減りしますし、100円ショップのダイソーは**店内の商品どれでもひとつ100兆円の100兆円ショップ**となり、我々は万札を積んだリヤカーを引いて買い物に行かなければいけません。100兆円ショップで買い物をしたら、商品1個につき**消費税だけで8兆円**です。カード払いならまだしも、108兆円を1万円札で払ったら、1秒で5枚の紙幣を数えられるエリート店員さんでも全額数え切るには**68年と6ヶ月**かかります。ひとつの商品を買うだけで**親子3代くらいにわたってレジ待ち**をしなければいけません。

この話は冗談では済まされず、実際に経済評論家の先生の中には「もはや日本が借金を返すためにハイパーインフレは不可避である」と主張している方もいます。

仮にそんなカオスな未来が待っているとして、我々庶民が今からできる対策がひとつあります。それは、**外貨を持っておく**です。

もし日本円しか持っていなければ、どれだけ貯金があろうとも一発のハイパーインフレで資産消滅の危機です。しかしその時に外貨、特に信頼性の高い通貨であるドルやユーロあたりを持っていれば、その外貨の円換算額はインフレにあわせて勝手に増えていくので、外貨分はしっかり貯金の価値が保たれます。

必ず起きるとは限りませんが、ハイパーインフレが万が一起きた場合の保険として、資産の一部を外貨で持っておくことは有効だと思われます。……ただし、もし逆に円高になって損害が出たとしても、**わしゃ知らん。**損失発生時のクレームにつきましては**「購入を決断した自分」**が受付先になっておりますので、そちらのほうまで文句を言ってください。

しかしインフレでも外貨は価値が変わらず、それがわかっているから人々はインフレ下では外貨を求め、外貨の需要が増えて外貨の値はますます上がります。だから私のジンバブエ滞在中に闇の両替レートはどんどんUSドル高になっていったのです。

外貨以外ですと、ハイパーインフレ時には**物を持っている人が最強**なので、保険として農業なんかを始めてみるのもいいかもしれません。

紙幣になんの値打ちもない世界は、ほぼ**終戦直後の日本**と同じ状態だと思われます。そんな混乱時に食料をたんまり持っていれば、物々交換を求められた際に優位に立てる。「そっ、そんな！　これだけですか⁉　この着物は、母の形見なんです。もう少しだけおイモを分けてもらえないでしょうか？」「なんやと!?　この非常時に、そない布っきれがなんの役に立つ言うんや!!　カゴ1杯のイモでもやりすぎなくらいやで!!」「待ってくださいっ。家では、幼い子どもがお腹をすかせて待っているんです。どうか、どうかもう少しだけ……。そうだ、ここに100兆円あります！　この100兆円でもう1杯だけおイモをいただけませんでしょうか!?」「あんたもしつこいのぅ!!　金なんて今時、便所の紙くらいにしかなりゃせんわっ!!　別にうちは交換せんでもええんやで？　イヤやったらそのゴミ持ってとっとと帰りぃや!!」「ううう……。わかりました……それだけでいいです……(涙)。ごめんよ進次、いつもひもじい思いをさせてしまって……こんな不甲斐ないお母ちゃんを、どうか許しておくれぇ……よよよよよ(号泣)」と、**戦後の悪い農家ごっこ**ができそうです。もちろん、ごっこじゃなくて、本当に悪く**なってもよし！**

なんにせよ今のうちから外貨を持ち、農業を始めて、反物を持ってきたお母さんをあしざまに罵る練習をしておけば、いざハイパーインフレが襲来した時に役に立つかもしれません。……もし役に立たなくても**わしゃ知らん。**

さて。そうは言っても、やはり借金と財政赤字を解消する手段として劇薬では副作用が強すぎるので、もっとマイルドな処方があるのならそちらで済ませたいところです。

実は、ちゃんとあるんです、マイルドな方法も。

その方法とは。……驚くなかれ、なんと！　**劇薬を、ちょっとだけ使う**です。

やっぱり薬というのは、用法用量が大事なんですね。

また余計な話ですけど、例えば睡眠薬なんかは、1錠まるごと飲んでしまうと翌日も意識が朦朧としたりするんです。劇薬クラスの強力な睡眠薬ともなれば、**うまく使えば旅人を2、3日眠らせることもできます。**私もアフリカから中東でよく会いましたよ、**睡眠薬を盛られて全財産盗られた日本人旅行者に。**地元の人にコーヒーをご馳走になったら3日くらい寝てしまった人や、**バスの中で首筋に液体を塗られて意識を失い、お腹に巻いていたものを含めて貴重品全部盗られた人。**

私も盗難に遭った時はそうでしたが、彼らも持っているお金の量が一気に100分の1くらいに減ったわけなので、きっと一夜にして物価が100倍になった感覚を覚えたはずです。ね？　やっぱり劇薬はハイパーインフレを生んでしまうものなのですよ(涙)。

しかし、1錠飲むとフラフラになる睡眠薬でも、市販のお薬カッターを使って半分ないし4分の1ないし8分の1に切って飲めば、効き方も副作用も半分~8分の1で済みます。

だから、借金対策としてのハイパーインフレも、**ちょっとだけのハイパーインフレ**にすればいいんです。「1兆倍のインフレ」は%にすればおおむね100兆%のインフレですが、その劇薬をうまく切って切って切って切って30〜50兆分の1にまでカット、理想である2〜3％のインフレに持っていくんです。

そして、そのマイルドな手段こそが、2013年から現在にかけて日本政府と日本銀行がまさに実行している処方です。その処方は、一般に**アベノミクス**と呼ばれています。

2012年に就任した安倍晋三総理大臣、その主導で行われたアベノミクスは主に3つの経済対策を柱としたもので、その3つは「三本の矢」とも呼ばれます。ひとつ目は**金融緩和**、2つ目が**財政出動**、そして3つ目が**成長戦略**です。

ただし、アベノミクスという固有名詞はついていますが、ぶっちゃけて言いますとこれはそんなに目新しい政策ではないんです。特に金融緩和と財政出動は、**景気対策**として世界の様々な国で行われてきました。デフレや不景気を払拭するために政府の主導で行う経済政策を「景気対策」といい、これは1936年にイギリスの経済学者**ケインズ**が提唱した手法です。そのため金融緩和や財政出動などの景気対策は、ケインズの名を取って**ケインズ政策**や**ケインズ主義**と呼ばれることもあります。

なお、アベノミクス3本目の矢「成長戦略」は、「今後成長が見込めそうな新しい産業を見つけて支援・推進していく」という政策で、これだけは通常の景気対策とは毛色が異なります。しかし「新しい産業を見つける」と言うのはひと言ですがやるのは非常に難しく、

ジョン・メイナード・ケインズ
(1883-1946)

イギリスの経済学者。
マクロ経済学を確立した。
主な著作は、
『雇用・利子および
貨幣の一般理論』。

有識者会議を開いたりあーでもないこーでもないと頭をひねっているものの、なかなか「これをやればいい」というズビーン！としたやり方は見つからないようです。

その点、金融緩和と財政出動はやることがはっきりしています。次章からそれぞれの中身を見ていきますが、どの政策も目標としては緩やかな……具体的には**2%のインフレ**に日本経済を誘導しようというものです。ハイパーインフレではお金の価値を一気に下げて借金を帳消しにしますが、通常の景気対策の狙いはそこではなく、景気を回復する（インフレに誘導する）ことで**税収を増やして財政を黒字化**し、徐々に借金を返済することを目的としています。

もちろん、ただ財政のためだけでなく、単純に国民が楽しい気分でいい感じに暮らせるためにも、景気回復、デフレの返上は日本にとって切実な課題です。

では次の章、まずは景気対策のひとつ目、金融緩和の仕組みです。

# 18 金融緩和

## 景気対策シミュレーションその1
## ドラゴンクエストの世界で金融緩和を実施してみよう！

金融緩和というのは、ズバリ**「市場に出回るお金の量を増やす政策」**です。市場に出回るお金の量のことを「マネーストック」と言いますが、デフレ時は通貨不足なので、金融緩和によりマネーストックを増やすことを試みます。

いったん手順だけかしこまって説明させていただきますが、まず金融緩和のスタートとして、日本銀行が**公開市場操作**を行います。具体的に言うと、**各金融機関が持っている国債を、日銀が買い上げる**んです。

日本は長年にわたって財政赤字が続いているため、足りない予算分は国債を発行し、それを金融機関や個人に売って（借用書として渡して）借金をしています。とりわけ、各銀行はコツコツと国債を買っており、相当な額面を所有しています。公開市場操作では、その銀行などの金融機関が持っている国債を、日銀が買い取るのです。

大量の国債を買い取るには大金が要りますが、買うのは日本銀行なので問題ありません。必要な量だけお金を刷って、刷ったお金を代金として金融機関に渡します。

ここでひとつポイントです。

日銀は、政府から直接国債を買うことはできません。言い換えると、政府は国債を発行しても、直接日銀に売る（日銀からお金を借りる）ことができません。

その昔は　1．政府が国債を発行する　2．日銀がお金を刷る　3．日銀が政府から国債を買って刷ったお金を渡す　ということが行われていましたが、戦争の費用の調達のため国債が乱発されるようになり、お金が増えすぎてハイパーインフレになってしまいました。そのため国債を日銀が直接買い取ることは財政法という法律で禁止されています。

それじゃあ困るじゃないか、一番の得意先の日銀が買ってくれなきゃ、国債がさばけなくて予算が増やせないじゃあないか、という悩みが出てきますが、そのお悩みに応えるために日銀は現在、政府から直接ではなく**一度他の金融機関を噛ませて、間接的に国債を購入する**という手段を取っています。

まあいうなれば、**事故物件も誰か一人住んでしまえば事故物件じゃなくなる**みたいな感じですかね。怨念が取り憑いた部屋に直接次の住人を入れると告知義務も生じるけど、不動産屋の新入社員を1ヶ月だけそこに住ませて、その後で間接的に新しい住人を入れればもう告知も値引きもしなくてOKみたいな。怨念も新入社員が引き受けて自分の家に連れていったでしょうしね。

あるいは著者の品格に合わせてもうちょっと格調高い例を出すなら、**第二次長州征伐の前の薩長同盟**とも言えますね。長州藩は幕府の根回しにより外国から直接武器を買うことが禁じられていましたが、坂本龍馬の仲介で**まず薩摩藩が武器を購入し、それを薩摩藩から長州藩が買い取る**という形で、間接的に武器の入手に成功しました。おかげで幕府の目論見は外れて長州藩は強くなり、第二次長州征伐で幕府軍は手痛い返り討ちに遭ってしまいました。その失敗が、後に幕府が滅ぶきっかけにまでなったのです。

ここの「武器」を「国債」に置き換えるならば、長州藩が日銀で、薩摩藩が金融機関になります。国債だって直接の購入が禁止されていても、間に「他の金融機関」という薩摩藩を噛ませればOKなんです。ということは**結局目論見は外れてハイパーインフレになり、その失敗が後に日本が滅ぶきっかけになるのでは……。**

ただ、まあそんなふうに穴があるといえば穴がある国債の運用ルールなんですが、逆にその抜け穴があるからこそ、日銀による金融緩和が実行できるんです。

金融緩和のスタートは、まず日銀が銀行から国債をたくさん買う。

では、日銀が銀行から国債を買ったらなにが起きるのか？　それでデフレや不景気がどうにかなるのか？　……というところで次の段階です。

次の段階の解説なんですが、現実社会は物の種類も商売も無限にあって複雑すぎるので、イメージしやすいように現実より少し単純化した、仮想の世界で金融緩和を適用させてみたいと思います。

今回の仮想市場は、**ドラゴンクエスト**で行きたいと思います。あの国民的ＲＰＧの、ドラクエです。

ドラクエは主人公の勇者が世界を救うために悪の魔王を倒す旅に出かける物語ですが、ゲームの世界なのに、現実社会の縮図のような様々な経済活動が行われています。町では人々が活き活きと働き、「ゴールド」という通貨を使って取引が行われています。

舞台となる国はわかりやすく「ドラクエ国」としておきましょう。お城にいる王様と重臣たちがトップに立つ、資本主義国家です。そのドラクエ国で唯一の「民間の金融機関」である、**愛と信頼のゴールド銀行**、ここを舞台に金融緩和のシミュレーションをやってみます。

ここ数年、ドラクエ国は景気の停滞に悩まされていました。どうも町の民たちに、「活発に金を使おう」という元気がない。

というのも、今から遡ること3年前のある日、昼なのに急に空が暗くなったと思ったら、どこからともなく「我が名は大魔王ゾーマ。闇を支配する者なり。我はやがて命ある者すべてを我が生け贄とし、絶望で世界を覆い尽くすであろう」という**魔王の犯行予告みたいな呟き**が聞こえてきたのです。

すぐに空は明るくなりましたし、誰かのいたずらじゃないの？という疑問の声も上がったのですが、実際小さい悪魔があちこちの野原をうろついているドラクエ国では、その犯行予告を笑い飛ばせない人のほうが多かった。

そして、「もし本当に世界が魔王に支配されたらどうしよう」という心配で、人々はお金を使わなくなってしまいました。悪魔に食料を奪われたら食べ物もなくなるし、悪魔に家を壊されたら修繕費もかかる、悪魔にかじられたら治療費もかかるし悪魔に殺されたら教会に払う蘇生費もかかる。そんな「もしも」を恐れるデビルマインド、いやデフレマインドが市場に浸透し、通貨ゴールドは使われることなく民家や商店に貯め込まれるばかりでした。

お金が流れないのでどの商売も不景気に襲われますが、それは愛と信頼のゴールド銀行も同じでした。なにしろ、**銀行からお金を借りようとする民がいない**んです。

銀行というのは会社などにお金を貸して利息を得ることで商売が成り立つわけですが、先行き不安で気持ちがドヨンと沈んでいる時に、「よーしお金を借りて新しく宿屋でも始めるか！」と元気に起業しようとする人などいません。宿屋を新築したって、魔王が来たら破壊されるリスクがある。おまけに今でも町から1歩出ればスライムやらドラキーやらという小悪魔がうろついていて、遠出をするのも大変だ。よって、民はみな自分の町に引きこもり誰も宿屋になんて泊まらない。勇者ご一行は数少ない宿泊業界の見込み客ですが、最近では不景気のため勇者も**わざわざルーラで故郷の村にワープして、実家に無料で泊まって宿泊費を節約する**というセコい振る舞いを見せています。業界は客を呼ぶため値下げするしかなく、デフレ状態です。そんなところに今さら新規参入しても、うまくいかない予感しかしない……。

ということで、銀行からお金を借りようとする人は誰もいないのでした。

借り手がいなければ銀行も商売になりません。どうしよう困ったねということで、ゴールド銀行は方針を話し合い、**とりあえず国債でも買っておく**ことにしました。

ドラクエ国ではモンスター対策のための防衛費が年々増加していますが、景気低迷で税収が足りていないので国債を発行して賄っていました。国債はお上のお墨付きの借用書なので、銀行としては買っておけばリスクもなく確実に利息を得られて安心です。愛と信頼のゴールド銀行は、毎年コツコツと国債を買い、金庫にしまっておりました。

さて、ここまでが準備段階。ここから金融緩和です。

町の経済が停滞していることを深刻に受け止めたお城の中央銀行部門が、金融緩和のため緊急に通貨ゴールドを大量発行、愛と信頼のゴールド銀行に**「おまえの貯めている国債を全部お城に売りなさい」**と命じます。そしてゴールド銀行から国債を一気に買い上げ、代金として発行した大量のゴールドを渡します。

すると、ゴールド銀行の金庫には、貯めていた国債の代わりに大変な額の現金がやって来ました。

そこでまたゴールド銀行は悩むわけです。この現金をどうしようか。また国債を買おうとしても、お城の担当大臣が怖い顔で睨《にら》んできます。

やがてゴールド銀行はこう考えました。**「どうせ使わないのなら、このゴールドを誰かに貸しておいたほうがいい」**と。どうせ遊ばせておくだけなら、その期間ゴールドを誰かに有効活用してもらい、少しでも利息を得ようと。まあ銀行としては初心に戻っただけですが……。

ただ、人々のデビルマインドが以前と変わっていないなら、いくらこちらが貸したくても、借りてくれる人が現れません。

そこでお金を持て余した銀行はどうするか。借り手を増やすために、**金利を下げる**んです。どれくらい下げるかというと、**人々が「お金を借りてもいい」と思えるくらいまで下げる。**「こんな先行き不安な時に金借りて商売なんてバカバカしいぜ」と思っている人々が、**「えっ！　そんな金利下がったの!?**　先行きに不安はあるけど……、でも、**せっかくそんなお安くお金を借りられるんなら、思い切って宿屋でも始めてみるか！**」となるくらいにまで金利を下げるのです。

例えばゆきのふさんが思い切って宿屋を始めるためにお金を借りれば、ゴールド銀行が金庫に眠らせていたお金が市場に出ます。そして同様にトルネコさんは「そんな金利が低いなら、武器屋を拡張してみるか！」とお金を借り、トンヌラさんは道具屋を、あああさんはカジノを、クルルンさんはベリーダンス劇場を、始めるためにそれぞれお金を借ります。すると世の中に出回るゴールドの量、**マネーストックが増える。**

新規開業にしろ業務拡張にしろ、お店を建てたり改築したり機械を買ったり材料を仕入れたり人を雇ったりすればお金は市場に流れ出し、経済は活性化します。

銀行から低金利でお金を借りられるなら、ローンを組んで買い物しようとする住民も出てくるでしょう。たしかに悪魔のリスクはあるけれど、所詮あの「魔王の犯行予告」は玉虫色の記憶です。怖いよう怖いようと思っていれば枯れたススキも幽霊に見えてしまうが、陽気な時には記憶も陽気に書き換えられるもの。今思えばあの魔王の予告は、きっと**いたずら好きのヘンリー王子の仕業**に違いありません。魔王のリスクは景気が上向くにつれ忘れられ、人々は低金利のローンでお得に家を建てたり馬車を買ったりするようになりました。そうしてドラクエ国の市場に流れるゴールドの総量は大幅に増え、町は活気を取り戻し、金融緩和という会心の一撃によって不景気は見事に撃退されたのです。

……………。

はい！

以上、これが金融緩和のプロセスです。**実際そんなうまくいくのか**という疑いはあるかもしれませんが、少なくともこんな理想的な結果が生まれるはずだと信念を持って行う政策が金融緩和です。

金融機関の保有するお金の量を増やして金利を低く誘導する、これが公開市場操作ですが、これでうまく貸し出しが増えれば**信用創造**が起こります。そしてマネーストックは日銀が銀行に渡した金額以上に増えていくことになります。「信用創造なんてもう覚えてねえよ！」という方は、記憶機能の改善のため抗酸化作用のある**ナッツ類を食べてください。**ナッツを食べたら、もう一度この本の第8章を読みましょう。

とにかく、どんどんお金を増やしてお金を回して使わせる、これを狙う手法が金融緩和です。

なお、日銀が金融機関から国債（などの有価証券）を買い上げることを**買いオペレーション＝買いオペ**と呼びます。一方、マネーストックを減らすために日銀が金融機関に対して国債（など）を売ることは**売りオペレーション＝売りオペ**と言います。これらは両方とも公開市場操作ですが、買いオペが金融緩和の際に行われるのに対し、売りオペはインフレを抑える時、**金融引き締め**として行われます。金融緩和では金利は下がり、金融引き締めではお金の量が減る分金利は上がります。売りオペで金利が上がるプロセスも、一度頭の中でイメージしていただけたらと思います。イメージできなかったらナッツを食べましょう。

そういえば……、これは完全に余談なんですが、景気を刺激するにはお金を市場に回すのが有効なのですから、ドラクエで**勇者が民家を家捜《やさが》しする行為**もまた、形を変えた金融緩和だと言えるのではないでしょうか？

操作するプレイヤー（私たち）次第でもありますが、ドラクエではほとんどの勇者は、町や村を訪れたら**すべての民家に侵入し、タンスを開け、樽や壺を叩き割り、お金や物が入っていないか確認する**のが慣例になっていますよね。

これは一見非道な行いと思われがちですが、勇者はタンスからゴールドが出てくればパクって買い物をしますし、壺から安っぽい道具を見つければ勝手に道具屋に売って換金します。これは紛れもなく、**タンス預金を市場に流してあげる行為**ではないですか。つまり勇者は、デフレマインドに陥った町民たちが眠らせていたお金を生きたお金にし、動かないゴールドに流動性を与えているのです。

民家だけじゃなく、お城も平気で荒らしますからね勇者は。**王様が城の宝物庫に厳重に保管してある宝物**も、奪ってお金に換えますから。王様に挨拶する前に全部盗るんですからね。**徹底的に家捜しして、拾える物盗れる物を奪い切ってからやっと王様に話しかける**という有様ですから。もうデフレ脱却のために恥もモラルもかなぐり捨てた、金融緩和の鬼と化していますね勇者は……(僕の勇者だけかしら?)。

まあでも樽や壷が割れたら新しいのを買わなきゃいけませんし、民家もお城も勇者に備えた防犯対策にお金をかけるようになれば、ますます市場にお金が回って経済のためには**とてもよいでしょう。**泥棒だなんてとんでもない、あれは**経済を活性化しインフレ率を上げて町民の生活水準を向上させようという、正義の行動**だったんですよ。勇者は経済面からも世界を救おうとしていたんです。たとえ庶民に泥棒呼ばわりされようとも……。悲しいです、水くさいです勇者。言ってくれればよかったのに。

では次の章では、金融緩和と対をなすデフレ時の景気対策、財政出動について、これまた引き続きドラクエの世界でシミュレーションを行ってみたいと思います。

# 19 財政出動

## 景気対策シミュレーションその2
## ドラゴンクエストの世界で財政出動を実施してみよう！

金融政策は日銀が主体となって行われるのに対し、政府の主導で行う景気対策が**財政政策**です。

言葉を整理してみます。「金融緩和」と「金融政策」、「財政出動」と「財政政策」、これはなにが違うかというと、「政策」がつくほうは**引き締めるほうも含んだ言い方**になります。デフレ・不景気の時には金融緩和と財政出動ですが、インフレや景気の過熱を抑える時には金融引き締めと緊縮財政を行います。前章とこの章で取り上げるのは緩和……緩めるほうですが、どちらも「経済状況が反対の時はどうするか」ということも考えてみていただくと、より理解が深まるのではないかと思います。

さて、金融緩和と財政出動は、デフレに対抗するための2トップ、二大景気対策コンビです。例えて言うならタカとユージ、トミーとマツ、修二と彰、TikTokとInstagram、エンタツとアチャコ、モーラステープとロキソニンのように**どちらか一方でも有能だけれど、2つが一緒に働いた時に最大の効果が発揮される**という名コンビ、それが金融緩和&財政出動です。

ちなみに今の各コンビは、**どれがわかってどれがわからないかであなたの世代が判明してしまう**という、とっても恐ろしいプロファイリング例え話になっております。もしも「全部わかった」という方がいたらそれは若者とお年寄り両方の感性を兼ね備えた希有な人材なので、**若年寄の重職**にも就けてしまうのではないでしょうか。

ではここからは、財政出動の仕組みについてご案内させていただきます。

前章に引き続き、ドラクエ国へと場面を移します。

さて、ドラクエ国では金融緩和により愛と信頼のゴールド銀行の貸出金利が下がったため、野心ある人々はお金を借りて商売を始めました。ゆきのふさんは宿屋を、トルネコさんは武器屋をトンヌラさんは道具屋を、ああああさんはカジノをクルルンさんはベリーダンス劇場を、思い切って開業しました。

ところが、あと一歩のところで、客足が伸びきりません。

たしかに国のあちこちで点々と新しい商売が始まり、人々が活気を取り戻しつつある気配は感じます。しかし、どうしても個々の活動だけでは、効果が限定されるんです。魔王の予告はヘンリー王子のいたずらということで決着したものの（本人は裁判で否認したまま死刑になりましたが）、もともと不況で仕事を失っている民はかなりの数に上り、その失業者はゆきのふやトンヌラのがんばりだけでは雇用し切れません。よって、世間に出回るお賃金《ちんぎん》もたかが知れている。

おまけに町から出れば、魔王ほどではないが**キメラや大きづち的な小悪魔**だっています。そんな環境ならわざわざ遠出してカジノや劇場に行こうとは思わないし、遠出をしないなら武器も防具も必要ないし宿屋に泊まることもない。だから新規事業も集客が伸びない……。

要するに金融緩和では、まだ景気は回復し切れていなかった。成長した勇者の重傷はベホイミ一発では完治しないように、国が負った長びく不況のダメージも、回復のためには**もう1回のベホイミ**が必要なんです。

そう、**その2度目のベホイミこそが財政出動。**

ＨＰ《ヒットポイント》ならぬＫＰ《ケイキポイント》のウィンドウが白くなったり赤くなったりを繰り返す……つまり**回復しそうでし切らない一進一退の経済状況**を見て、ドラクエ国のお城では次なる景気対策として、**大規模な財政出動**を行うことを決定しました。

その中身は、**北の森の中に、新しい町を作る**というものです。

ドラクエ国ではお城を出て北に進み、森を越えてさらに進めばザパンの町があります。ところが、キメラや大きづちを退治しながら森を抜けるのは非常に煩わしく、お互いの地域の住民は行き来を避けている状態でした。そこで、森を切り開いて新しい町を作り、中継地点とすることにしたのです。

もちろん町をまるごと作るとなると大変な予算が要りますが、そこは国債を発行して……つまり借金をして賄います。少し現実に戻ると、デフレや不景気下では財政出動を行うので余計に借金が増える傾向があり、それも日本の累積赤字がとんでもない額になっている一因です。まあ理論的には、ちゃんと景気が回復して税収が増えるなら、今は借金が膨らんでも問題はないのです。

……さて。町は、どうやったら作れるでしょうか？

なにはともあれ、手をつけるのはハード面からです。木を切って平地にしたエリアに建物を建て道を整備する。公園も要るでしょう。小悪魔の進入を防ぐために、城壁も作りましょう。とにかく大規模な建設、掘削、敷設、造営、舗装、その他土木工事が必要となります。ドラクエ国は城下町の大手建設業者に、**「予算はあるから景気よくやってくれ！」**と大工事を発注しました。

大工事のためには当然、大資材が必要です。森の木材だけでは足りないので、城下町やザパンの町、他近隣の各地域から資材を運んできます。運搬をスムーズにするために、お城から町まで、村から町まで町から町まで、道路を通します。川にかかっていたつり橋は、頑丈で巨大な橋に架け替えます。

長年のデフレで閑古鳥が鳴いていた建設業界ですが、この大発注によって、他の業界に先駆けて好景気がやって来ました。とにかく人手が足りないため、緊急に労働者の募集をかけ、同時に下請けや関連企業にも業務を発注。木を切る人が欲しい、橋を架ける人も欲しい、資材を運ぶ人も欲しいレンガを積む人も欲しい警備をする人も欲しい。ドラクエ国の働き口は急増します。

この大工事が始まると、城下町にあった**ゆきのふの宿屋にも、宿泊客が集まるようになりました。**遠くの村からやって来た出稼ぎ労働者がゆきのふの宿に泊まり、そこから建設現場へ出勤していくのです。

宿屋の近くで開業したトルネコの武器屋、そしてトンヌラの道具屋を覗いてみても、やはり繁盛しています。なにしろ仕事となれば「キメラがいるから外に出たくない」なんて、「満員電車がイヤだから通勤したくない」みたいな甘ったれたことは言っていられません。

働く以上は、誰もが**企業戦士**なんです。企業戦士は「24時間戦えますか？」の精神が求められるもの。ジャパニーズビジネスマンがリゲインを飲んで戦ったように、ドラクエ国の企業戦士たちも、こんぼうややくそうを持って果敢に通勤途中のキメラに戦いを挑みます。ただし大きづちは建設現場に連れていったら喜んで杭打ち作業を手伝い始め、人との絆が生まれて戦闘関係は解消されました。木槌を振るえる場があればなんでもよかったんでしょうね彼らは。

町の予定地には大勢の労働者が集うのですが、お給料は入るものの、建設中の町では使うところがありません。そこで、人々は娯楽を求めて近隣の町へ出かけます。

西の町には、ああああが開設したカジノがありました。当初は数台のスロットマシーンしかなかったカジノも、やって来た労働者を処理するためポーカーやルーレット、スライムレースやモンスター格闘場まで増設し、毎日大盛況です。労働者は気分が上向いているため、金離れもよい。たまに貧乏バックパッカーが紛れ込み、カジノで遊びもせず無料の軽食だけ食べていたりしますが、そういう輩は発見次第警備の兵士が取り押さえ、モンスター格闘場でキラーマシーンと戦わせ八つ裂きにします。

建設中の町の北、ザパンの町にはクルルンのベリーダンス劇場があり、賭け事より色事の労働者たちはこちらに殺到です。

劇場ではただダンサーのステージを鑑賞するだけでなく、いろいろな楽しみ方を提供しています。自分も踊ってみたいという観客がいたら「あら、おきゃくさんもいっしょにおどりたいの？　シャンシャンシャン。はい、もっとこしをふって！」と参加させ、公演の終了後には踊り子が一列に並んですべてのお客さんとハイタッチを交わし（ただしちょっとしたトラブルが起きてからは、接触なしで手を振ってお客さんを見送る「お見送り」に変更になりました）、その他にも踊り子総選挙やじゃんけん大会に紅白対抗歌合戦など数々の名企画が提供され、劇場は連日満員。今では抽選に当たらないとチケットを買えない規模にまで人気が高まっています。

劇場に入れず消化不良の労働者たちは、怪しい客引きに連れられて裏道の**ぱふぱふのお店**などに流れていき、適法違法を問わずこれまた威勢よくお金を落としていきます。

一方、新しい町も城壁や建物といったハード面ができあがれば、今度はソフト面を整えなければいけません。ゲームも町も、ハードだけでは遊ぶことはできませんからね。ソフトがないとね。

町には、宿屋が必要です。武器屋も防具屋も道具屋も要る。そこで国はテナントの募集をかけ、そこにまた銀行からお金を借りて起業した商人や、先行して軌道に乗っているゆきのふやトンヌラの支店が進出してきます。

町ひとつ運営するとなると、公務員も増やさなければなりません。治安を守る兵士も要りますし、町の入口に立って「ここはメルドールの町です」と言い続ける人、勇者が想定外の出口から出ようとしたら「どこへ行く？　この先の魔物は手強いぞ。おまえのレベルではまだ早い」と立ち塞《ふさ》がる人、死体に話しかけたら「へんじがない　ただのしかばねのようだ」とナレーションを流す人など、多数の職員が必要になります。……余談ですが、入口で「ここはメルドールの町です」って言ってる人をただの住民だと思っている人はまさかいませんよね？　町の職員ですからねあれは。だってプライベートで町角に立って「ここは○○の町です」って言い続けてる人、あなたの町にいますか？　いないでしょう。昼間だけじゃなく、**夜通しいる**んですからあのタイプの人は。仕事でなきゃやりませんよあんなの。

というわけで。

お城による財政出動を発端に、好景気の波は建設業界からじわじわと裾野を広げ、あらゆる職業に波及するようになりました。

有効求人倍率も増加。少し前までは転職を司る神殿に行っても、戦士や武道家など**危険を伴うブラックな職業**にしか就けませんでしたが、今では公務員からカジノディーラー、日雇い労働者にダンサーまで無数の職種に門戸が開かれています。転職すれば当然一からのスタートにはなりますが、前職で身につけた特技は忘れません。雇用が多様化すれば**イオナズンを唱えられる日雇い労働者**や、**握手会でファンを釣ることができる賢者**など、個性溢れる働き手が誕生することでしょう。

そうして、ドラクエ国はにっくきデフレを退治し、世界に平和と強い経済を取り戻すことができたのでした。財政出動、大成功です……Ｆｉｎ……！

ただ後日談として、それからほどなくして「我が名は大魔王ゾーマ。ふっ、**デフレがやられたようだな……。**人間ごときにやられるとは、魔王軍の面汚しめ！　こうなれば、**我自ら貴様らを生け贄とし、世界を絶望で覆い尽くしてやろう**」と例の声が鳴り響き、**実はやっぱりいたずらじゃなかった大魔王**がせっかく作った町も含めてすべて焼き尽くし、ドラクエ国は滅亡することになるのですが**それはまた別の話で。**……まあ、大規模開発で無数のモンスターの命と住まいを奪ったのですから、当然と言えば当然の報いですね。

……………。

そんなわけで、最後の脱線は置いておいてＦｉｎのところまでが、財政出動によって期待される理想の成果です。

では現実世界に戻ります。

金融緩和と財政出動の狙いはほぼ同じで、結局は「市場にお金を回すこと」が目的です。

政府の主導で道路や橋を作る、大きな建物を建てる、それを大規模にやることで物や労働への需要を生む。そして雇用が生まれればお金が回るようになる。お金が回れば経済は動き、GDPが増え、経済成長に繋がる。

国の主導で道路や箱物(あんまり役に立たなそうな建物)を作るというと「無駄遣いするな!」と怒られたりもしますが、実のところ、財政出動の意味合いでやっているものならば**無駄遣いするから意味がある**という側面もあるんですよね。経済にとって無駄遣いは無駄じゃないんですよ。逆説的ですが。

金融緩和や財政出動が「ケインズ政策」とも呼ばれることは先に書きましたが、景気対策の生みの親である経済学者ケインズは、**山に穴を掘って大金を隠しておき、それを掘る競争をやらせるだけでも景気対策になる**(意訳)と述べました。

そこに込められた意味は、**お金が動けばなんでもいい**ということです。もちろん、どうせ道路や箱物を作るなら有効活用できるに越したことはないんですが、財政出動として行われる事業は「作る物」より「作ること」が大事な場合もあるので、無駄に見えたらなんでもかんでも中止すればいいというものでもなかったりします。

なお、繰り返しになりますが金融緩和と財政出動、これはアベノミクスの構成要素ではありますが、決してアベノミクスのオリジナル政策ではありません。社会科の授業で「ルーズベルト大統領は世界恐慌後にニューディール政策を掲げ公共事業を行った」という文言を覚えた人もいるでしょうし、古くは古代エジプトのピラミッドの建設が、雇用を創出するための公共事業であったといわれています。公共事業は財政出動の核となる手段なので、アベノミクス的な景気対策はむかーしから行われていたんです。

補足しますと、例えば実際に行われたことのある「地域振興券を配る」「子ども手当を支給する」などの政策は、「公共事業以外の財政出動」であると言えます。だから必ずしも財政出動＝公共事業というわけではありません。まあ子ども手当の目的が景気対策だと言えるかどうかは、議論の余地はあると思いますが。ページの余地はないのでここでは議論しません。

ただし、一点アベノミクスならではの特徴を挙げるとすれば、それは**「物価上昇率を2%まで上げる」と断言したところ**です。

つまり、2%のインフレを達成するまでは断固として緩和を続けるよ、という宣言。政府が断固とした姿勢を示せば、国民も「本当にそうなるかも！」と思うかもしれない。本当にそうなるかもと思えば、「物価が上がる前にいろいろ買っておこう」とたくさん買い物をするようになるかもしれない。インフレとなれば実質的な貯金も借金も目減りしていくので、「貯金するくらいなら使ってやろう」「ローンを組んで（借金して）買い物しよう」という気になる人も出てくるかもしれません。

通常の景気対策に輪を掛けて、国民の心理に働きかけるために数字を明言し**マジな姿勢**を示す、それがアベノミクスの特徴だったと言えます。

ただし。現実の世界はドラクエではないので、景気対策もそうそう理論通りには進まかったりするのがややこしいところです。

では次章へ続く。

# 20 景気対策の現実とアベノミクス❶

I田N夫先生（仮名）にバカだアホだと罵られそうなこの私。

ここまで、金融緩和と財政出動のプロセスについて、手法だけでなく結果まで想定通りに進むとして、仮想のシチュエーションを描いてみました。

ただ、やり方と目的がわかったら、今度は「現実にやってみてどうなるか」を検証することが大切です。

余談ですけど、やっぱりどんな勉強も、教科書で学ぶことは大事だし間違ってはいないけれど、いざ実践してみると想定外のトラブルでなかなか教科書通りにはいかなかったりするんですよね。

私も中学の時、英語の教科書に出てきた「Nancy is taller than John.（ナンシーはジョンより背が高い）」という例文を完璧にマスターしたんですよ。Nancy is taller than John. だったら誰にも負けない。俺こそが Nancy is taller than John. の一番の理解者だ。いつか本場のアメリカ人と話すことがあったら Nancy is taller than John. を会話の中に絶妙に差し挟み、「ジーザス クライスト！　まさか日本人が Nancy is taller than John. をこんなにも縦横無尽に使いこなすなんて……。こいつらはもう、俺たちの黒船に右往左往していたあのイモ侍じゃないんだ！　なんて恐ろしいやつらとアメリカは戦っていたんだ。**Yes, you can!　ジャパン・アズ・ナンバーワン！**」と、ネイティブをあっと驚かせてやる！

……と、思いながら時はすぎ、いつしか少年は大人になった。

大人になった私は、念願のアメリカだけでなく、英語圏を中心に合計2年近くも海外をふらふらすることになりました。

ところが驚いたことがあります。なんと……、**Nancy is taller than John. を使う機会が一度もない。** 2年のうちで英語を使わない日なんて1日もなかったのに、**日々「言ってやるぞ、言ってやるぞ！」と虎視眈々《こしたんたん》と狙っていたのに、Nancy is taller than John. と言うチャンスが一度もない。** 教科書ではあんなに気さくに登場してきた重要例文なのに。

でも、考えてみればそうなんですよね。実際に「ナンシーがジョンより背が高い」というシチュエーションがあったとして、**見りゃわかるし。**一応ユースホステルなんかに泊まると、ナンシーさんやジョンくんに出くわすことはあるんですよ。アメリカ人旅行者はどこにでもいますからね。でもそこでどう見てもジョンは背が低い、ナンシーは背が高い、という状況だったとしてじゃあ私は「うおおおついに来たこの瞬間!! 俺は20年間待っていたぞっ、幼き日の憧れが現《うつつ》となるこの時を!! さあ今こそ言おうあの言葉……! **Nancy is taller than John.**」……と自分は言うだろうか？ って考えてみると**言わないと思うんですよね。**たとえ本当に明らかにジョンが背が低くてナンシーが背が高かったとしても、Nancy is taller than John. は言えない。**むしろ、そこで身長の話題は絶対に出してはいけない。逆に身長のことには触れないように触れないように、その街の美味しいお店とかおすすめスポットとか、身長とは関係のない無難なトピックで会話を進めなきゃいけないんですそれがグローバルな時代の大人ってもんです。**

結局、教科書に書いてある文章っていうのは、勉強のためにはよい例文かもしれないけど**実際そのまま現場で使えるかっていったら別問題**なんですよね。

……………。

**景気対策の話をしようじゃないか(キリッとして)。**

もう巻末も近くなってページ数も限られてきたからね。真面目に経済の話をしよう。もう余談を語ってる場合じゃないから。**余談が許されない状況**だからねもう。**な〜〜んちゃって〜〜予断と余談をかけてみましたよ〜〜〜ん（余談の執筆に本編の3倍の時間をかける男）!!**

キリッ。

金融緩和と財政出動。では、この2つを現実に行ってみて、実際どうなのか。教科書通り実行してみて、教科書通りの結果は得られたのか？　景気は狙い通り改善に向かったのか？

歴史上景気対策が実施された例はいろいろありますが、私たちに身近なのはもちろんアベノミクスです。そこで、２０１８年の時点でもう5年以上続いているアベノミクス、その成果はいかほどだったのか、成功したのかどうなのか、それを検討してみたいと思います。

…………と。

言いたいところなんですが。

材料はたくさんあるんですよ。例えば日経平均株価は2倍になった、円は40円も安くなった、失業率は２％減少しほぼ完全雇用に近くなった。これらはアベノミクスがうまくいったとする時に出てくる数字です。

しかし一方、インフレ率は5年かかっても目標の2%に達していない。2014年だけ2%を超えているが（消費税が上がったからね）、2015年はおよそ0・8%、2016年はマイナス0・1%。2017年は0・4%。先のことはわからないが、現状では政府・日銀が目指した「持続的な2%のインフレ」にはまだまだ遠い状況。……こちらはアベノミクスはうまくいっていないという時に説得力を持つ数字です。

結局これらの数字を並べてみると、景気対策はうまくいったのか、それともうまくいっていないのか、**よくわからナ〜〜〜イ（号泣）。**

今2%のインフレになっていないからって、必ずしも失敗ではないと思うんですよ。景気のバロメーターである失業率は下がっているし、仮定の話ですが今から急に物価が上がって3年後から13年後まで10年連続でインフレ率2%を達成したなら、後から振り返って**「少し時間はかかったがアベノミクスは成功だった」**と言える。……でも、じゃあ成功なのかと問われたら、**「なに言ってんだもう5年も経ってるのに全然インフレ目標達成してないじゃないか！」**とも言える。

「景気はあくまで気持ち」という初心に戻ってみても、株で利益が出ている人や輸出中心で円安の恩恵を受けている企業、プチバブルで人手不足の建設業界からすれば景気は大変結構でアベノミクス大成功でしょう。しかし公共事業の恩恵もないブラック企業で長時間労働を強いられている人や、円安により輸入品の値上がりで苦しんでいる会社、理由はないけどとにかく毎日暗い気分なんだよ！という方々は、きっとあんなもの失敗だとおっしゃるでしょう。

結局、正確に客観的に「成功だったか失敗だったか」の判定を下そうと思ったら、**リセットボタンがないと無理**なんですよね。

ドラクエ国なら教会でセーブができるので、まずは大規模な景気対策を行ってみて民たちがどうなるか見てみる。そしたら次はリセットボタンを押し、セーブしたところまで戻って今度は**景気対策を一切行わないパターンで**ゲームを進めてみる。そして２つのケースの経済状況を並べて分析してみれば、すごく客観的に「こっちのほうがよい」ということがわかります。まあドラクエ国の場合はどっちにしろ魔王に焼き尽くされて人間は全滅するんですけど。

だからアベノミクスだって、今の時点でリセットボタンを押し、２０１２年に戻って**政権交代しなかったパターンの日本**（アベノミクスが行われなかった日本）はその後どうなったか、それを見てみないとなんとも言えなかったりするのです。

余談ですがもし現実世界でリセットボタンがあったら、押す前にひと言お知らせが欲しいと私は思っています。もうすぐリセットされるとわかっていれば、私は印税の支払いを無視しやがっている中国の出版社に○○を持って突撃し、そこで○○を○○させて木っ端○○に○○○○と思っています。ついでにその足で毎年お台場で開催されている世界最大級のアイドルイベント「TOKYO IDOL FESTIVAL」に○○になって乱入、○○○○のステージに○○て○○○の○○○○ちゃ○を○○○○ウム○○○

**なにもわからんわっっっ!!!**

……ああ、いやだなあ。もしこの章からこの本を読み始めた人がいたら、私のことを余談ばっかり書いてる変態著者だと思ってしまいそうだよね。ちゃんと最初から読めば、真面目な文章しか書けない硬派な作家だとわかってもらえるのに。**北方謙三くらいハードボイルドな作家**だとわかってもらえるのに。**僕ちん悲ぴいっっ(号泣)!!**

まあまあ、でも考えてみてくださいよ。

4000年前の公共事業だといわれるピラミッドの建設、あれが果たして古代エジプト経済にとって有益なことだったか無益なことだったのか、100%の自信とともに断言できる人がいるでしょうか?

「ピラミッド建設に莫大な国費を投入したせいでエジプトの国力は衰え、やがてはローマ帝国の属国になるまで凋落《ちょうらく》してしまった」と言っちゃえば失敗の方向に誘導できるし、「ピラミッド建設という公共事業で人民の心を広く掌握したことで、エジプトはローマ帝国の支配下に入るまで長く繁栄を誇ることができた」、と成功の雰囲気で語れば成功だったような気がしてきます。仮に考古学者や歴史学者の先生の中でどちらか片方の意見で統一されていたとしても、リセットボタンで「ピラミッドを作らなかった場合のエジプト」を試してみることができない限り、そのどちらかが絶対に正しいとは言い切れないんじゃないでしょうか?

私もできることならアベノミクスの成否について、「本当はどっちか」「優勢な意見はどちらか」の判断をしたいとは思っているんです。

思っているんですけど、経済学者や経済評論家の先生方、つまり経済でごはんを食べているプロの方たち、そのみなさんの本や記事やSNS、テレビやラジオに動画の発言、どれを見ても読んでも**見事にバラバラ**なんです。例えば「1～3月期の指標が発表された。これをY大学の経済学者EによるO条件のP曲線に照らし合わせれば、確実に経済対策の効果は出ているものと言える」とH先生が書いている。なるほどそれは説得力がある……気がする。さすがH先生！と納得していると、今度はI先生が**「O条件はZ大学の経済学者FによるR理論のS効果でとっくに否定されているのを知らないのか。Hのようなバカはもっと勉強したほうがいい」**と**ドぎつい反論**を返していて、私は「うわぁ……言い方がキツい……**I田N夫先生、頭がいいのはわかるけど言い方がキツすぎて全然中身が入ってこない……**

怖い……ぶるぶるっ（震）」と怯えたりします。

経済を何十年も研究しているプロの方々ですらこうですから、プロではない人たちはもっと意見が割れています。一般の人々のアベノミクスに関する議論となると、割と多くのケースでもはや経済的な評価というよりは「安倍総理を好きか嫌いか」だけの問題になりがちです。成果を強調したい時は株価や有効求人倍率のデータを「ほら見ろ！」と示せばいいし、反対のポジションの人はインフレ率や非正規雇用者の割合を持ってきて「どうだ！」とやればいい。

しかし提示されるデータは両方とも正しく、どっちかが間違っているわけではありません。「ほらこのデータを見ろ！　こうこうこうじゃないか！」と言っている、その両方が正しい。従っていくら議論しても結論が出ない。結論が出ず空回りしているうちに、だんだん言葉が荒れてきて**最終的に罵り合って終わる。**そんな場面を、ネット上のあちこちで目にする今日この頃です。

結局私は、景気対策が効果があったか否かという評価を下すとすれば、「株価：○ or ×」「平均賃金：○ or ×」「GDPデフレーター：○ or ×」というように、細かく分けた項目ごとに○×をつけていくことしかできないんじゃないだろうかと思います。うまく直撃できた指標もあるし、空振りだった項目もあると。

まあ素人に毛が生えた程度の私があんまり断定したようなことを書くのも気が引けるんですけどね。気が引けるというか、怖いというか。もしI田N夫先生がこの本を読んだら**「最近はバカでも経済の本が出せるのか？　こんなバカが書店から淘汰されないところがまさに出版業界の劣化の証しだ」**とか、容赦なくSNSでバカバカ罵られそうです。歳取るとみんな短気になるよね本当にっ（涙）!!

……ただ、ひとつ総合的な評価として「これは言っていいだろう」と思うことがあるんです。

少なくとも、日本の景気対策は**教科書通りにはいっていない。**つまり、一定の効果はあったとしても、狙っていた理想と比べればまだ足りていない。なにしろ「やります」と断言していたインフレ目標を達成できていないわけですからね。点数にしてみれば、0の状態から100を目指したけれど50くらいで留まっている感じでしょうか。現状が50なのか20なのか80かは意見が分かれると思いますが。

じゃあどうして理想通りに景気対策が進まなかったのか？　ドラクエ国での都合のいい大成功と比べて、現実の世界では理想への到着前にどんな障害があったのか？

次章へ続きます。

21

# 景気対策の現実とアベノミクス❷

正露丸を飲みながら浣腸し、
やっと蘇生した太郎の首を絞める現代社会に喝！

物事って……、特に後になっての「あの原因はこうだった」「その原因はああだった」という振り返りって、結局のところ**言ったもん勝ち**っていう側面があるんですよね。

私がインドを徘徊していた頃、**サイババの一番弟子のすんごい有名な占い師（自称）**に、過去当て占いをしてもらったことがあるんです。そのグルは「観た相手の過去の出来事を9割以上的中させる」という、それはそれは能力も名声も料金も高い、ボッタく……尊敬すべき聖者でした。

その聖者は、私の手相を観て自信満々に言ったんです。**「キミは26歳から29歳までの間に、結婚を考えるような女性がいたね?」**と。

ところが、グルの自信に満ちた発言とは裏腹に……、いなかったんですよそんな人。20代後半、私に結婚を考えるような相手はいなかった。……まあ芸能人は別だよ?「深田恭子ちゃんと結婚できたら新婚旅行はどこに行こうか」とか、「長澤まさみちゃんと所帯を持ったら家ではなんて呼び合おうか」とか、ある程度結婚生活の真剣な妄想をしたことはあるよ? それで言えば「結婚を考えた相手」がいたことにはなるけどさ、でもフカキョンやまさみちゃんとの新婚生活を妄想したからってそれを「結婚を考えた女性」として数に入れていいのかっていうか、**なんの話ですかねこれは。**

ともかく、私は言ったんですよグルに。残念ですけどその年齢の時、結婚を考える相手なんていませんでした。グルもたまには外すんですねえ、まあグルも木から落ちるですよドンマイドンマイ!……と。

しかしがっかりするかと思いきや。私の「外れですよ」報告を受けてグルは、むしろ自信満々に、「なんだと!? その時期がおまえにとって結婚する最高のチャンスだったのに! ほら〜、手相にもしっかりそう出てるじゃないか。おまえは絶好の機会をまんまと逃してしまったんだぞ？　もったいないなあ本当に！」とおっしゃったのです。

いや〜〜なるほどなるほど、**物は言いようかっっ!!!　なんだその外したくせに偉そうな態度!!　明らかに外してるのにあたかも「ほら言い当ててやったぜ！」とでも言わんばかりの堂々とした物腰!!　悪いポジティブ思考!!　さてはこういうのも当たりのほうに入れての的中率9割だなテメエッ!!!　金返せっ!!!**

……………。

はっ。

えへへへへ。

つまりですね、物事を後から振り返って「あれはよかったんだよ」「悪かったんだよ」と総括するのは、**言い方ひとつ**なんですよ、結局。

私がこの話をなににこじつけようとしているかというと、**消費税**なんです。

日本の2010年代の景気対策……アベノミクスが理想通りに進まなかった、その理由としてよく言及されるのが、**消費税の増税**です。

これは本当に多くの評論家、学者の先生たちが「やるべきではなかったこと」として挙げる事柄で、私も少し経済をかじった身として考えてみると、どうにも不思議なんです。なぜ緩和の景気対策を行いながら増税も行ったのか？

増税というのは、緩和か引き締めかで言ったら、**引き締める政策**なんです。インフレや景気の過熱を抑える時に行う財政政策が増税です。なぜなら、増税は**政府が市場からお金を吸い上げる行為**だからです。

考えてみてください。デフレや不景気を払拭するために、金融緩和と財政出動では「市場にお金を流す」ことを大命題としたわけです。人々が使えるお金が増え、そのお金が市場に回れば通貨と需要が増えて経済は活性化します。

ところが、消費税を増やすというのは**「使えるお金」のうち数%を政府が没収してしまう**ということなんです。仮に110万円持っている人が、消費税率5%の時に買い物をしようとすると、税抜きで最高104万7619円の物が買えます。しかし消費税が8%では使える金額は101万8518円にまで減り、10%になると100万円の物しか買えません。消費税が上がれば上がるほど、市場に回るお金の量が減るんです。

なおかつ3%の増税で及ぼす影響は3%分だけでなく、「あー、新しいテレビ欲しかったけど、税金で3%も余計に取られるのはしゃくだから、**買うのやめよーっと**」と、**根本的に人々の消費マインドを押さえ込んでしまう**こともあります。

だから2013年にアベノミクスを華々しくスタートしておきながら、2014年に消費税を5%から8%へ上げたことは、すごく矛盾した行為なんです。デフレで通貨不足に陥っている市場で緩和政策を行い、じゃんじゃんお金を流してやっと市場が息を吹き返し始めたところで反対側から引き締める。例えて言うなら、海で溺れて酸素不足に陥っている太郎にボンベを渡し、じゃんじゃん酸素を流してやっと太郎が息を吹き返し始めたところで**後ろから思いっきり首を絞める**ようなものです。太郎としては「えっ、俺、**生きればいいの？　それとも死ねばいいの？**」と混乱し、**とりあえず怖いから節約して酸素を吸うようになるでしょう**。

まあいろいろ例え方はあると思います。「アクセルをふかしながらブレーキを踏むようなもの」と書いている本もあるし、市場にじゃぶじゃぶお金を投入しながら一方では吸い上げるのですから、**お風呂にじゃんじゃんお湯を入れているのに栓が抜けている状態**とも表現できるでしょう。あるいは「緩めながら締めている」のですから**浣腸をしながら正露丸を（以下略）**。

いずれにせよ、並行して行う政策としては矛盾があるということは、数々の例えからわかっていただけたのではないかと思います。

ところが前章でも述べましたが、「アベノミクスを評価するかどうか」は専門家の先生方でも意見が割れています。そして、どちらかというと「評価しない」側の先生方では、消費税に関してもまた別の意見を述べられる方もいます。

その意見が、「『消費増税のせいで景気対策が失速した』なんて、**占いの後づけこじつけのような言い訳にすぎない**」というものです。ああ惜しいっ、本当はアベノミクスで日本経済復興の大チャンスだったのに、消費増税のせいで絶好の機会を逃してしまった！　あれさえなければ大成功間違いなしだったのに……！　あーあ、もったいない……。と、インドの占い師のように無理矢理言い訳をこじつけているだけじゃないか。増税で一時的に消費が冷え込むのはわかるが、5年も経ってまだ経済がよくなっていないのはもともとの景気対策が失敗してるってことだろ！　消費税のせいにして誤魔化すんじゃないよ！　と。

これに関しても悲しいのは、どっちが正しいか、**検証のしようがない**ということです。この世にもしもボックスが存在しない限り、「もしも増税していなかったら」の世界を再現することはできない。となると、「増税していなければ」の話はなにを言っても仮定であり空想になってしまいます。せめてもうちょっと、この5年で日本全土がスラム化したとか、反対に世界の長者番付の上位1億2千万位までを日本人が占めるようになったとか（赤ちゃんもランク入り）、そういうわかりやすい結果が出ていれば評価もしやすいんですが。まあ日本は曖昧さを好む文化なので、白黒つけるのが苦手ですよね。

とりあえず、消費増税の影響がどれくらいあったのかは、はっきり言うのが難しい。

そこでここからは、話題を変えちゃいます。

実は、消費増税の他にも「こいつが景気対策の邪魔をしている」と考えられている犯人がいます。そして、増税と違ってこちらはどの先生も……当事者の日本政府までが「こいつをなんとかしないと日本の経済はやばい」という認識で一致しています。

その犯人とはなにか？　それが、**デフレマインド**です。

金融緩和をしても、なかなかお金を借りる人がいないんです。財政出動をしても、なかなか国民が消費を増やさないんです。なぜかって？　そう、**デフレマインドが悪さをしているから。**

アベノミクスに始まったことじゃないんですよ。日本はバブル崩壊後の景気立て直しのために、ゼロ金利政策だ量的緩和だと、マネーストックを増やし金利を下げる政策をずっと行ってきました。ところが、**金利を下げても下げても人や企業がなかなかお金を借りてくれないんです。**

机上の理論では、人々は誰もが合理的な経済人であるはずなので、「えっ、金利が下がった!?　**それならば今が新しい事業を始める好機である。早速銀行に借り入れの相談に向かうべきである**」とお金を借りに行くはずなのに、ところが**現実の人間は全然合理的じゃなかった。**「えっ、金利が下がった!?　そうかぁ。でもなあ、こんな時に商売始めたってうまくいくわけないよどうせ……。借りるだけ無駄だよ」と、理論では計れない極端なマイナス思考に現実の人々は陥ってしまっていたのです。

もちろん人々の背後で糸を引いている極悪犯がデフレマインドです。デフレマインドは「やる気」や「元気」が大嫌いなので、人の心にやる気を見つけると「ヒソヒソ……おまえなんかどうせダメだよ……事業を始めたって、並み居るライバル起業家に勝てるわけがないだろ……負ける試合はやるだけ損だぜ……じっとしてろよ……ヒソヒソ……」と囁いて、なにかをやる前に心を挫《くじ》いていくのです。

こういう時に、アントニオ猪木さんがいてくれたらいいんですけど。猪木さんと言えばやる気・元気とともにデフレマインドの天敵ですからね。**「やる気」「元気」「猪木」**なんてワンセットで並べられるくらいですから(違ったっけ)。猪木さんなら、マイナス思考を吹聴するデフレマインドを**「やる前に負けること考えるバカいるかよ!! 出て行けコラ!! バチーーーン(ビンタ)!!」**と、**1990年2月10日の試合前インタビュー**(ビンタされたテレビ朝日のアナウンサーは**むち打ちで入院**)のように全力で叱り、追い払ってくれるに違いありません。ああ、今がこんなに体罰体罰うるさい時代じゃなかったら……猪木さんに闘魂注入してもらうのに……。

結局は、「景気とは人の気持ちである」、ここに戻ってくるんですよ。

人ってどんな時に気っぷよくお金を使うんだろう? と考えてみると、おめでたい気分の時とか、**明るい未来が見えた時**だと思うんですよね。いつも質素に暮らしている倹約家の人だって、親友が結婚した、娘夫婦に子どもが生まれた、なんていうめでたい時には喜んでご祝儀を奮発すると思うんです。

「いや、うちのケチケチじいさんは私が結婚した時も1000円しかくれなかった。ケチなジジイはめでたい場でもケチなんだ！」とおっしゃる方がいるかもしれませんが、それはおそらく、ケチケチじいさんは**あなたの結婚をめでたく思っていなかっただけ**なんです。ケチケチじいさんもケチケチじいさんなりに「これはめでたい！」「先行き明るい！」と心から感じる物事に出くわせば、お金を出すんじゃないですか？　例えば「おじいちゃんだけに教えますけど、確実に値上がりする未公開株があるんですよ。利回り80％、私が保証します！　明日が締め切りですけどどうしますか？」というようなワクワクのお誘いなら、ケチケチじいさんもケチケチ預金を解約して虎の子の資産を投入するかもしれません。詐欺ですけど。

そういう点で、デフレマインドをぶち倒すには「先行きの明るさ」が必要なんです（詐欺じゃないやつで）。しかるに今の日本には、国民の多くがめでたさを共有できるような、将来のハッピーを予感させられるようなコンテンツとか空気感がない。

どうも、どんよりどよどよとしている気がするんですよね。日本の雰囲気が。

オリンピックなんかはよい候補だと思うんですよ。もちろんスポーツやお祭りごとに興味がない人もいるでしょう、でも、国民の最大公約数的に「なんとなく大勢が一緒にワクワクできそうなもの」という観点でオリンピックが持つ可能性は大きいと思うんです。可能性はね。なにしろ4年に一度しかない、世界的なイベントなんですから。

ところが、そんなドデカいイベントが56年ぶりに日本で開催されることが決まった後、主にメディアを通して伝わってくる日本の空気感はどうだったでしょうか？　「予算が3兆円だって？　日本は借金があるってぇのに、そりゃ無駄遣いってもんだろう。**喝！**　だなこれは」「おい、あのエンブレム盗作じゃねえの⁉　ほら検索すると似たロゴがうようよ出てくるぜ！　うわあこいつ最悪じゃん、潰せ潰せ！」「なんやねんこの新国立競技場のデザイン、出来損ないの亀みたいやな。こんなもんジミーちゃんにやらせたほうがずっとええのできたんちゃう？（スタジオ爆笑）」「自国民にボランティアという名のブラック労働を強要する日本政府クソだな！（2万ＲＴ）」

……………。

**ワクワクしね〜〜〜。全然ワクワクしね〜〜〜。**

なんでしょう。オリンピックほどの大イベントが半世紀ぶりに日本で行われるというのに、この**邪念しか漂っていない感じ。**

前回の東京オリンピックもこんな空気だったんですかね？　いや、違いますよね？『ALWAYS 三丁目の夕日』なんか観てるとみんな活き活きしてますよ？　素直にワクワクしてますよ国民的イベントに。映画だけど。

そりゃ税金を使うんだから、追及しなきゃいけないところはあるでしょう。自業自得なところもあれば運が悪いこともあったり、ともかく悪い方向に向かないように厳しい目は必要です。

でも、追及はしつつも、同じくらい……いやそれ以上にワクワクする部分を伝えてもいいんじゃないかって思うんですよ。オリンピックをやることでよい効果と悪い効果があるでしょう、でもやると決まってしまったからには、よい効果を引き出せるだけ引き出して、とことんよさを搾り取ってやらないともったいないと思うんです。よいも悪いも効果を引き受けるのは自分たちなんだから。でも今の「オリンピックに対する空気感」は、プラスとマイナスがある中で**プラスの効果を自ら潰しにいってる**ようにしか感じられないんです。3兆円も使ってなおかつ日本を暗い空気に追い込んでいる感じ。

私にはこの風潮が、デフレマインドの象徴に感じられます。オリンピックに限らずなにか陽気なことが行われようとすると、粗探しされ足を引っ張られブラック面だけ拡散されて「あれはけしからん」「これもけしからん」と負の感情が広がっているうちに地震が起きたり台風が来たりする。「うっひょー！　ワクワクしてきたぞ！　ばんばんお金、使っちゃおう〜〜♪」って、**なりそうもない感じです。**

日本経済にとって一番必要なのは、テクニカルな景気対策よりも、明るい気分なのではないかと思います。

22

# 価格の相対性

同じ値段なのにある時は高く、
ある時は安く感じてしまうすき焼き弁当とメイドカフェ。

ここまでマクロ経済学……政府や中央銀行が出てくるようなスケールの大きいテーマが続きましたので、ここから数章は視点を身近な場面に移し、**行動経済学**のお話を少しだけ、させていただこうと思います。

1990年代から盛んに研究されるようになった行動経済学は、経済学と心理学をミックスした、人の経済行動と心の関係に着目した学問です。言葉で定義を説明するより具体例を示したほうが手っ取り早そうなので、早速本題に入りますとこの章で取り上げるのは**「価格の相対性」**です。

質問です！　みなさん、「720円のすき焼き弁当」って、高いと思いますか？　それとも安いと思いますか？

どうでしょう？

………はい。そうですよね〜〜。**その通〜り！（児玉清さんふう）**

そうです。720円のすき焼き弁当が高いか安いかは、**なんとも言えない。**

それはごもっともです。だって私はそのお弁当の中身をなにも説明していないわけですから。すき焼きなんて具材次第で価値はまったく変わってきます。松阪牛や飛騨牛が使われているならもっと高くても当たり前ですし、ブランド牛の代わりに**海牛《うみうし》や蝸牛《かぎゅう》**が入っていたら、しかるべき機関に通報し、耳をえぐられた被害者を特定しなければなりません（海牛：巻き貝の仲間で、殻がなく長細い胴体で海底を這《は》い回る生物　蝸牛：人の内耳《ないじ》にある、渦巻き型をした聴覚を司る器官）。

しかしそういう具体的な情報がなく、ただ「720円のすき焼き弁当」だけではなんとも判断のしようがないです。

では、次は、もうひとつ説明を加えます。そのすき焼き弁当の山に、**「開店1周年記念セール　本日限り！　1440円↓720円」**というPOPがついていました。さあ、この720円のすき焼き弁当、高いと思いますか？　それとも安いと思いますか？

# 価格の相対性！

……はい。**だしょ〜〜？　そうだしょ〜〜？**

**（バブル経済の頃のトレンディ女優ふう）**

だすよね〜。今度は、安く感じますよね？　ただの「７２０円」ではなんとも判断がつきかねるけど、「１４４０円が半額になった７２０円」なら、私たちは「安い」と感じてしまうんだす。

つまりこういうことです。私たちが「ある商品が高いか安いか」を考える時、私たちはその品物そのものの値段だけで評価するのではありません。ほとんどの場合は他のなにかと比べて、他のものを基準にして判断を下すのです。言い換えると、**他の商品との比較が、ある商品の値段の印象を大きく左右する。**これが「価格の相対性」です。

例えば「６万円のバッグ」という言葉を聞く

と、多くの男性は「うわ、たっかいなぁ！」という印象を持つでしょう。それは、一般的に男性が持つバッグはそれよりも低価格だからです。男性は……女性も半数以上はそうかもしれませんが、「自分が持っているバッグの水準」と比べて、6万円のバッグを高いと思う。

しかし、これが銀座で働いている一流ホステスさんだったらどうか？　数十万円のGUCCIやPRADA、いや、数百万円のケリーやバーキンのバッグを持つのが当たり前の女性からしたら、6万円のバッグなんて安いを通り越して**粗品**かもしれません。一流ホステスさんにとっては、6万円のバッグも「銀行でもらえる粗品のボールペン」程度の価値。そう、我々一般労働者は、**1週間働いても一流ホステスさんの粗品分のお賃金しか稼げないんです。**私なんて部屋の家賃がそれくらいですからね。粗品に住んでるんですか私は？

この価格の相対性も、通貨の単位が変わる海外滞在時には特に顕著に実感します。

私はどちらかというと物価が安い、発展途上国にいることが多かったのですが（粗品に住んでるからね）、とりわけ現地になじんでくると購入する物やサービスの「高い安い」は、その国の他の物の物価を基準にして相対的に考えるようになります。

要は、金銭感覚が現地化してくるということです。その結果「ディスカウントプリーズ！

お願いおばちゃん、あと10バーツまけて？　だってお金ないんだもーん、いいじゃん買うって言ってるんだからまけてよぉー。……え？　5バーツしかまからない？　**なんだよケチッ!!**　地元のお客さんには気前よく割り引いてるくせに！　知ってんだぞこっちは!!　外国人だからって足元見るのかオオウッ!?　もういいよ、あと5バーツまけてくれないなら、他の店に行くからね。あっちの店で買い物しちゃおっかな〜〜！　いいのかな〜行っちゃうぞ〜〜本当に行っちゃうよ〜〜引き止めるんなら今のうちだよ〜〜知らないよ〜〜〜〜**ごめんなさいっ（涙）!!**　**行かないやっぱり！　他のお店には行かない！　だって欲しいんだもんこの象のお財布!!　買うけどさっ、でもあと5バーツくらいまけてくれたっていいじゃないの!!　ねえいいじゃんあと5バーツぅ〜〜いけずぅ〜〜お願いやだやだまけてまけてやだまけてやだよ〜〜まけてくれないとやだよ〜〜っっ（号泣）!!!」**……というふうに、**たった30円の値引きを引き出すためにいい大人が泣いて叫んで地面を転げ回って駄々をこねる**という光景が展開されるようになります。

なにしろ生活費が安いので、アジアの国々では30円でも相対的に大金に感じてしまうんですよね。後に日本に帰ってから振り返ると、「俺はなんであの時たった30円のために人間の尊厳を捨てたんだ？　**30円なんて1分ちょっと働けば稼げるじゃん。**1分の給料をケチるためにどうして旅先の貴重な時間を20分も使って駄々をこねていたんだ俺は…………**ヘア**

**ッ!!（バコーン!）　ヘアッ!!（バコーン!!）**」と、後悔と恥ずかしさに耐えられず壁に脳を叩きつけて記憶を消そうと試みることになります。

日本に帰ってくれば日本の物価で考えるようになるので、10バーツなんてはした金（罰当たりな言い方）なんですよ。でも貧乏旅行中は10バーツあれば1食食べられたりするので、相対的にはした金（罰当たりな言い方）も価値が高まるんです。

もうひとつ経験例を重ねると、海外放浪中にはたまに日本食がものすごく食べたくなる時があるんです。そういう時に辛抱ならず都市の日本食レストランに行くと、やっぱりすごく値が張るんですよね。うどん1杯200バーツ、照り焼きチキン定食350バーツ、ウーロン茶でも1杯50バーツとか。

そういう時は、「うわあっ！　照り焼きチキンが350バーツ!?　とんでもない値段だ!!……んんっ、でも、350って、**日本円にすれば1000円くらいなんだよな。**まあ日本で外食すれば1000円くらい普通だし、日本にいると思えば特別高いって金額でもないかあ。よーし、じゃあ照り焼きチキン定食ください！　あ、あとウーロン茶も！　ウーロン茶は50バーツ？　**50バーツなんて日本円にしたら150円ぽっきりじゃん！　安い安い!!**」……というように、**日本の物価で考えればいくらになるかという都合のいい発想**にいきなり頭のモードを切り替えます。現地の物価としては法外だとしても、日本円に換算することによって「相対的」の基準を日本の物価にし、「たいしたことねえなあ」と自分を納得させるのです。……もしさっきの土産物屋のおばちゃんがこのモードの私を見ていたら、**「じゃあ5バーツくらいすんなり払えよっ!!」**と憤慨のツッコミを入れることでしょう(涙)。

なお、「ある商品の価格は他のなにかと比べて相対的に判断される」という価格の相対性、これは経済行為だけでなく、あらゆる価値判断に当てはまる理論なのではないかと私は思います。私たちは、値段だけでなく数字で表れない「ものの価値」全般を、周りのものと比べて相対的に判断する習性があるのではないでしょうか?

自分の体験ばかりで恐縮ですが、このことも、私は暮らしの中でたびたび強く感じる場面があるんです。

秋葉原の、ドン・キホーテが入っているビルにAKB48劇場があるんですね。ご存じの方も多いと思いますが、AKB48劇場では、AKB48がほぼ毎日公演を行っています。客席とステージが近く、間近で見るトップアイドルのパフォーマンスはほんとに圧倒的なんですよ。……まあ私はアイドルには疎いので、そんなところに行ったことはなかったりあったりするんですけど。

その、公演が終わった後なんですけど。公演終了後に、劇場からエスカレーターで一階まで降りて、ビルから出るじゃないですか。すると出口の真ん前で、近隣のメイドカフェの女の子が何人も並んで客引きをしているんですね。

そこで、私はすごく価値の相対性を感じてしまうんです。

客引きの意図はよくわかるんです。このビルからは今、ＡＫＢの公演を見にきた**250人のヲタたち**が一斉に放出されているわけです。そのおにいさん・おじさんたちに、彼らの趣味に合いそうなかわいい制服を着たメイドさんが声をかけ、ＡＫＢおこぼれで自分のお店に誘導しようという意図。よく理解はできます。

ところが、私にはそれが逆効果になっている気がしてならないんです。

だって、今ビルから出てきた私たちは、**つい5分前まで日本のトップアイドルを見ていたんですよ。**１０００倍を超える倍率のオーディションで選ばれて、牧野アンナ先生や菅井秀憲先生にいびられながら厳しいレッスンに耐え、アイドルとして場数をこなし経験を重ねチーム内の競争にも勝ち抜いてステージに立っている、そんな選ばれし少女たち……**「制服っぽい衣装を着てる女の子」としては世界最高峰と言っても過言ではない女の子たち**を、この2時間私たちヲタは見ていたんです。

そうすると、どう〜〜〜しても相対的に、メイドカフェの女の子が安っぽく見えちゃうんですよ。

いやもちろんカフェのメイドさんだってかわいいですよ？　若い女の子がキュートな制

服を着てるんですから、それだけで人間国宝紫綬褒章重要無形文化財級の価値があります。我々おじさんの七兆倍くらい地球を癒《い》やす力があります。神々しいです。神より神々しいです。…………でも、**僕たちは今、「制服っぽい衣装を着てる女の子の世界最高峰」を2時間見てきちゃったんです。美少女のインフレが起こっているんですよ我々の中では。肥えちゃってるんですよ、この目が！　この目が……この目の野郎がっ!!　バカヤローーッ(涙)!!**

まあそうなんですよ。たった今「制服っぽい衣装を着てる最高峰の女の子」を見てきた男たちに「制服っぽい衣装を着てる普通の女の子」が声をかけても、相対性でレベルが低く感じちゃうんです。**比べちゃうんですどうしても。**表情もスタイルもパフォーマンス能力も制服のクオリティも愛想も向上心も年齢も、全然違うんだもん。**ひと目見てわかっちゃうんだもん違いがどうしても。違いがわかる男なんだもん今の俺たちは。**くそっ……この肥えた目のせいでメイドさんになんて失礼な物言いを……**この目が……この目の野郎がっ!!　バカヤローーッ(涙)!!　グサッグサッ(セルフ目突き)!!**

…………。

いやー。**まあ私はアイドルとか疎いので、よくわからないんですけどね(今さら)。**

というわけで。

結局私たちは金額にせよそれ以外の価値にせよ、高い安いはどうしても他のものと比べて相対的に判断してしまう習性があるのです。

ものの値段や人の価値が、それ自身ではなく他のものを基準に決められてしまうというのは、少し悲しいことでもある気がします。

しかし実は、人間にはそういう習性があるからこそ、その習性を利用して**わざと価値を逆方向に誘導する方法**、それもまた行動経済学により定義されているのです。それが**おとり効果**です。

おとり効果とはなにか？　それは、あるものの価値の印象がすでに決まっている時に、**おとりとなる別の価値のもの**を並べてやると、相対性が攪乱されてあるものの価値が変化して見えるという現象です。

試しに、冒頭の720円のすき焼き弁当におとりをつけてみましょう。

現在はすき焼き弁当の棚に「開店1周年記念セール　本日限り！　1440円↓720円」のPOP、それを見て私たちは720円を安いと思っています。では、POPをこう付け替えたらどうでしょう？　**「牛肉価格高騰につき、すき焼き弁当を値上げします。360円↓720円」**。

どうでしょう。お店にお弁当を買いに行って、このPOPを目にしたら720円のすき焼き弁当を高いと感じてしまうのではないでしょうか？　表示内容の事実関係はさておき、同じ「720円のすき焼き弁当」でも、どっちのPOPがついているかで印象がガラッと変わってしまうんです。もちろんここで顧客洗脳のために暗躍しているPOPが「おとり」です。

ちょっとページが足りなくなってしまったのでこの章はここで終わりますが、次章の始めでもう少しだけ、おとり効果の実例を考えてみたいと思います。

# 23 お金とモラル

## 「デート代なんて男が出すの当たり前だし〜〜」とか言ってる女性は、後のとてつもないリスクを覚悟せよ！

「おとり効果」は行動経済学で定義されている用語ですが、その現象自体はずっと昔から人々は理解し、利用してきたのではないでしょうか。

またいつもの例で恐縮なんですが、おなじみのこのやり取り……「タージマハルまで乗せてください。おいくらですか？」「300ルピーだ！」「たか〜〜〜いっ‼　高すぎて高すぎて震える‼　もっと安くしてプリーズ！」「おいおい、日本人優待価格で特別に300にしてやってるんだぜ？　いつもはもっと高いのに」「えっそうなの嬉しいありがとう☆じゃあ300ルピーで喜んで♡　**ってなるかボケッ‼　ユーアーライアー‼　ベリーエクス**

**ペンシブジャストドゥーモア値引き!!**」「うるさいやつだな。じゃあ今回だけ、他のやつには内緒だぞ？　……295ルピーにまけてやろう」「**ノーーーーーッ!!**　イッツノット値引き!!　**イッツ誤差!!!**　どうせ到着してから『オーしまった小銭がない！　釣りはなしでいいよな？』とか言うんだろどうせ（実際言うのである）!!!　もっと下げて!!　もっと思い切った日印友好特別記念ディスカウント（以下略）」

……の時、ドライバーさんが最初に「300ルピー」という**地元の相場の8倍くらいの金額**をふっかけてくるのは、彼らが本能的におとり効果の使い方を身につけているからだと思われます。

300ルピーというのはたしかに無茶に高いけれど、最初に無茶なおとりを配置することで、交渉時の「高い安いの基準」がそこ（無茶な金額）になってしまうのです。この交渉の流れだと、最終的に「粘りに粘って100ルピーで合意」くらいの結果になるでしょう。その時300というおとりに踊らされている旅行者は「なんと200ルピーもの値引きに成功！　言い値の3分の1にまけさせちゃった！　俺みたいな百戦錬磨の旅人に当たって運が悪かったね運転手さーん」と勝ち誇った割安感に浸りますが、一方運転手さんは表向きこそ「オー！　あなた交渉上手ネー！　あなたには負けましたよー」とヤレヤレ顔を見せながら、本音では**「くぷぷっ。相場は40ルピーなのに、2倍以上の値段でご機嫌になって**

**やがるっ。こいつアホやｗｗｗ」**と、心の中に小文字のｗをいくつも並べていたりするんです。

もし自分が現地の人間ならば「相対的」の基準が現地の相場になりますが、旅行者は現地価格に通じていないので、こうしてまんまと「不当に高いおとり」を相対性の基準にしてしまうのです。……まあインドのリキシャの場合は、おとり効果に加えて**「これ以上粘っていたら料金交渉だけで1日が終わってしまうっ(涙)」**という焦り効果が、より外国人を妥協に向かわせるんですけど。

でも…………、**そんなインドが、僕はだーーい好き♡♡**(心にもないフォロー)

日本人だって、そしてお金が絡まなくたって、日常的におとり効果を使いこなしている人はいる気がするんです。とりわけ女性は上手に利用している人が多いなと思っていて、例えば合コンに参加する時とか、ＳＮＳで女子集合写真をアップする時とか、**うまく周りにおとりを並べて、自分が一番かわいく見えるように調整してる人いませんか？** わざと自分より顔が大きい人を左右に並べるとか。そういう**ナチュラルボーンおとり効果達人**みたいな女性、たまにいますよね？

…………。

という、「おとり効果がいかに人々の生活に浸透しているか」というお話でした。

ではこの章の本題に入らせていただきます。

この章のテーマは、**お金とモラルの関係**についてです。

イスラエルで、こんな実験が行われたそうです。

ある保育所では、夕方の決まった時間にきちんと子どもを迎えにこない親御さんが多いことに頭を悩ませていました。時間通り保育所を閉めたいのに、遅刻する親のせいで閉所も遅れてしまう。

そこで保育所では、遅刻した親に対して**罰金を科す**ことを取り決めました。少額ですが、遅れたら容赦なくお金を取る。そうすればみんな時間を守るようになるに違いない。だって今までと同じことをしたら、今までより損をするのだから！

ということで、実際に罰金制度を運用するようになり、その結果一定期間後にどうなったかというと……、あらびっくり。遅刻する親の数が、**倍に増えました。**

当初の想定では「罰金を払うのは損である。損をしないために時間を守るべきである」と親御さんが合理的に判断し、遅刻はなくなるはずだった。だがしかし、なくなるどころか増えている。しかも、他の保育所でも同じ検証を行ったところ、どこも同様に遅刻が増えてしまったのです。

ここからわかること。それは、**人はモラルの低い行動も、お金で帳消しにできると考えて**

**いる**ということです。

罰金制度がなかった頃は、「平気で遅れて来る人」の他に、「遅れそうだけど、保育所に迷惑をかけないようにがんばって間に合う時間に来る人」がいたはずです。しかし、ひとたび罰金の仕組みができたことで、その「迷惑かけるといけないから間に合うように来る」派の人たちが、**「お金という対価を払っているんだから、遅れることはもう迷惑ではない」**と、モラルを吹き飛ばし堂々と遅刻するようになってしまったのです。

人のモラルって、お金が介在し始めると簡単に崩れてしまうものなんですねえ……。

これは、私も似たような経験からよく理解しています。

私が肩こり解消のため、あるチェーン店でマッサージを受けていた時のことです。その店舗はたまたま若い女性スタッフさんが多く、その日もお店にいたのは女性のマッサージ師さんだけでした。もちろん女性スタッフさん目当てに通っていたわけではなく、男性とか女性とかそういうのは抜きで、技術・接客・料金・立地・清潔感・下心、それら総合的な効用を判定して私はお店を決めたんです。なにせモラルの申し子ですからね私は。ただのマッサージにスケベな気持ちなんて持ち込むわけがないでしょう。いい加減にしてください。

で、うつ伏せで施術を受けていたんですが、各ブースはカーテンで仕切られているだけなので、隣の会話が聞こえてくるんです。その時は割と年配の、おじいさんくらいの年齢のお客さんと、やはり若い女性のマッサージ師さんが隣にいるようでした。

するとしばらくして私がウトウトし出した頃、突然、静寂を破って隣の女性スタッフさんが、「あっ。別料金になりまーす！」と言ったんですよ。それまで本当にただの静寂、会話も途切れていたのに唐突に「あっ。別料金になりまーす！」です。カーテンの向こうから。

………………。

ははーん。

おじいちゃん、**お尻触ったね？**

その後会話が続くわけでもなくまた静かになったことを鑑みても、推察されることはエロじいさんがおねえさんのお尻かどこかをペロッと触ってしまった。それをおねえさんは慣れているのかそういう対応マニュアルなのか、「別料金になりまーす！」といなした。

最低ですよ。お年寄りとか若いとか関係なく、警察に突き出されても文句は言えない行いです。健全なマッサージを受けるお店なのに、施術中にスタッフさんに触るなんてモラルの欠如も甚だしい、許されざる行為です。私だって同じく女性の施術を受けていますけど、触るなんてこと考えもしないですからね。モラルがありますから僕には。それに比べて隣のエロじいさんはなんだ。年長者のくせに恥ずかしいことをするなよあんた!!

まあお店としては難しいところもあるんでしょうね、なにしろじいさんはエロとはいえ客ですから、初犯なら「めっ！　そういうことすると、別料金取りますよ！」と叱って、反省してまた来てもらいたい。そういう悩ましい心理があるのかもしれません。

ところが。その「別料金になりまーす！」を、隣で聞いた私はどう思ったか？

私は、こう思いました。

えっ……？　**別料金払えば触っていいのっっ!?**

ちょっと待って、そうだよね？　そういうことだよね？　リンパマッサージのオプション料金とか足ツボオプション料金みたいに、**お触りオプション料金**があるってことだよね!?　すみませんすみません、**料金表見せてもらっていいでしょうか。その別料金のオプション表、今すぐ見せてくださいっ!!**

たしかに私はモラルの申し子ですよ？　さっきまでおねえさんに触ることなんて考えもしていなかったですから。

でも……、**お金を払えば触っていいシステムがあるのなら話は別だ。**だってモラルで自分を律していただけで、本当は触りたいんだから。自分の中の悪魔をモラルによって封印していただけなんだから。それがお金払えばいいって言うんなら、もう我慢する必要ないじゃない！　**さあ封印は解かれた出でよデーモン!!　おう触らせんかい！　ええやろが金なら**

**払うと言っとるんや!!　さっさと料金表よこさんかいっっ!!!**

**……………。**

**……………。**

どうかと思うんですよ。**このご時世にこんなエピソードどうかと思うんですよ。**まったく品がないなあ。せっかく終盤まで品格を保ってきたのに、ついに崩れたよね鉄壁の品格がこの章で。

でもね……、わかりやすくないですか？　お金の介在でモラルが崩れていくさまが。だっていつもは硬派中の硬派、モラルが服を着て歩いているようなこの私が、不道徳もお金で解決できるとわかった途端「金払うんだからええやろうが！　**ゼニならいくらでもくれてやるわっ!!　これが欲しいんやろおまえ！　おらぁ!!**」てな感じに、「なつかしテレビ映像」でよく出てくる**スーツケースに入った札束をバラ撒く社長**みたいに、モラルなき人間に成り下がってしまったのです。

この私のふるまいに、イスラエルの親御さんたちとの大いなるシンクロニシティを感じませんか？

私は、このイスラエルの保育所と自分のマッサージの事例から、お金とモラルについてもう少し踏み込んで考えてみました。

ここからは私の考えです。これまで「遅刻」とか「お触り」をモラルの低い行為として取り上げたんですけど、よく考えると、**マッサージを受けること自体も本来はモラルの低い行為**なのではないでしょうか？

お金が介在しない状態で想像してみましょう。普通は相手が女性か男性かを問わず、**もし料金が発生しないとしたら、見ず知らずの人に1時間自分をマッサージさせるなんて、申し訳なくてとてもできませんよ。**知らない人の職場に行って「おい、1時間マッサージしてくれ！」とか言いながらその辺に寝っ転がるって、**バブル期の地上げ屋並みの嫌がらせ行為**です。毎日繰り返せば「わかりましたからっ。土地は売りますからっ!! サインしますから、もう来ないでください(涙)!!」と相手が立ち退きを了承しそうなほどの非道な所業です。モラルがないにもほどがある。

でも、本来はそんなモラルに欠ける、ヤクザくらいにしかできなさそうな凶行を、お金を介在させれば我々庶民も平気でできるようになるんです。

他のサービスだってそうですよね？　髪を切ってもらうにしても家のエアコンを修理してもらうにしても、病気を診てもらうにしても空き部屋に住ませてもらうにしても、見知らぬ人にタダでやってもらうなんて普通はモラルが邪魔してできません。でもそこにお金を払うことで、さっきまで地上げ屋のように居座っていたモラルが「モラルさん、どうかひとつ今日はこれでお引き取り願えませんでしょうか……（謎の封筒を渡しながら）」「そうか、まあそこまで言うならな……（封筒の中身を確認して）。ふん、邪魔したな。おうおまえら、帰るぞ！」と去っていき、私たちは美容院でも電気屋さんでも病院でも賃貸アパートでも、罪悪感を感じずサービスを受けることができるんです。

だいたい八百屋さんや文房具屋さんの売り物だって黙って持って行ったら犯罪ですからね。窃盗です。万引きです。モラルに反しています。普通は胸が痛んでできません。でも、代金を支払うことでモラルの問題も胸の痛みも消えて、商売になります。

となると、ここから導かれる法則は、**1．人々が今お金を払っているものは、本来は（お金を払わずにやると）モラルに反する行為である　2．モラルに反する行為は、お金を払うことでモラルが消えて商売になる**　の2つではないでしょうか？

結局、**お金を払うとなんでも商売になっちゃう**んですよ。

となると保育所の「遅刻をしたら罰金を取る」も、お金を介在させた時点でそれは罰ではなく「保育依頼の延長」になってしまうんです。もともとの保育自体が「タダで他人に保育を頼むというモラルに欠ける行為をお金を払って商取引にしている」という状況だとすれば、遅刻で罰金を取られるのは**その延長**でしかありません。お金を払えば延長して子どもをみてもらえるのだから。ただの「延長料金を払う」という行為に、親御さんが罪悪感なんて感じるわけがありません。カラオケの延長をして「お店の人に悪いなあ」と思うお客さんなどいないように。

それは「お尻を触る」にもまったく同じ考え方が適用できます。その行為に料金が発生した瞬間に、我々エロ男爵の中ではマッサージ店が**違うマッサージ店に変わるだけ**なんです。違法行為が適法行為になります。

だから「デート代なんて男が出すのが当たり前じゃん(爆)!」とか言ってる女性は、ろくな目に遭わないんですよ。だって、男からしたら「女性に奢《おご》る」というのは「その女性にお金を払っている」ということなんですから。お金を払った時点で男の頭の中では、相手は彼女でも友人でもなく**お店のスタッフ的な存在**になるんです。だから、**お金を払ったからには自分はこの人から相応のサービスを受けて当たり前**、と思ってしまうんです。

なんか雰囲気でわかりますよね? 「この人、絶対ごはん代とか自分で出さないだろうな……」っていう感じの女性。知り合いじゃなくても芸能関係の人とか、ネットで見かける美人さんとか。そういう「よく男性にごはん奢らせてそうな女性」は、私って男運ないのー、ごはんだけのつもりだったのに迫られたー、私っていつも浮気されるのー、彼氏だと思ってたのに奥さんも子どももいたの信じられないーー! とか、男関係でボヤいてる比率が高いです(私調べ)。そりゃそうですよ。**「お金を払わせる」ということは、「相手にモラ**

**ルを捨てる許可を出す」ということなんですから。お金を払ったらモラルは消えるんです。モラルに反する行為もお金が介在すれば「金払ったからいいや」と割り切れるようになるんです。**

逆にごはんの時にちゃんと割り勘にしてくれる女性に、悪いことする気になんてならないですよ。モラルが維持されるからねそういう相手に対しては。サービススタッフじゃなくて、人としてつき合おうという気になりますよそういう女性とは。

……まあ、**例外があるのは認める。**いますからね生まれつきモラルの欠如した、**ナチュラルボーンろくでなし**みたいな人って。

それではみなさん、また来週！

# 24 損失回避性と保有効果

太郎くんを精神的に抹殺したかったら
この方法がいいよね（決してマネしないでください）。

家族間で「大事な物を勝手に捨てられた」の争いが起こることって、たまにありませんか？

一番多いのが、親が子の物を捨てるパターンでしょう。おもちゃやマンガやぬいぐるみなんかが掃除のついでに捨てられて、子どもが心に深い傷を負うケース。次によく耳にするのは、奥さんが旦那さんの趣味のコレクションを勝手に処分する事例です。フィギュアとかゲームソフトとか雑誌とかプラモデルとか、コツコツ集めていた宝物がある日帰宅したら全部処分されていたというようなお話。

個人的には、そういうのは**一発絶縁やむなし**の行為だと思います。やられる側からしたら、泥棒に入られたのと同じですからね。

私も割とくだらない物の収拾に執念を燃やすタイプなので、その類いの話は聞くだけでイライラが募ります。仮に私が将来奥さんから同様のことをされたら、絶縁どころじゃ済まないですよ。絶対に同じことをし返してやります。奥さんに「おまえが一番大事な物はなんだ！」と尋ね、それを叩きつぶします。

もしそこで「あなたよっ。私が一番大事に思っているのは……、あなたなのっ（号泣）！」とでも言われようものなら、すぐさまビルの屋上から飛び降りて叩きつぶれてやりますよ。一番大事な物を奪われる苦しみ、よく味わいやがれっ!! ほら見ろこんなに粉々になっちまったぜおまえの大事な大事な旦那がよお!! 思い知ったかっっ!!!

……………。でもこれ、**一番ダメージを受けるのは僕だよねよく考えたら。**いやだっ。大事なエロＤＶＤコレクションを捨てられた上になんで粉々になって死ななきゃいけないんだ！ 踏んだり蹴ったりやないかっ!! せめてコレクションは買い戻して墓に供えてくれっ!!!

でも案外、奥さんは粉々になった私を見て苦しむどころか「フフフッ……」と**邪悪な笑み**を浮かべるだけかもしれないですけどね。最初から旦那の行動を読み切って、こうなることを見越してＤＶＤコレクションを処分しなおかつ「大事なのはあなたよ（号泣）！」と叫んだという、**完全犯罪の線**も考えられるような気がします。さすが私の奥さん……、頭が切れますね。**悔しいっ（涙）!!!**

まあしかし真面目な話、家族が大事にしている物を同じように大事に思えない人なんて、家族じゃないですよ。「俺が買い与えたおもちゃなんだから処分するのも俺の勝手だろう！」とおっしゃる方もいるかもしれませんが、その理論だと、**あなたがお給料で買った車は、あなたの会社が自由にぶっ壊せる**ということになります。会社が与えた給料で買った車ですからね。会社があなたの車を壊すのも、あなたが子どものおもちゃを捨てるのも、立派なパワーハラスメントであり犯罪です。

ただ、その「これくらい捨ててもいいだろう」「大切な物を捨てられて許せない」という二者間の摩擦がなぜ起きるか、そこは行動経済学の**「損失回避性」**と**「保有効果」**で説明がつく部分もあるんです。

この2つはよく似ているんですが、まず損失回避性から説明しますと、これは**「同じ量の損と得があった場合、損をしたショックのほうが、得をした喜びよりも大きい」**ということです。

「感情の動き」をゲームのようにポイント制にするとわかりやすくなると思います。ゲームではたいていキャラクターの体力が数字で表されますが、同じように「人間の感情」にポイントがあると考えてください。

今、太郎くんの感情ポイントが100ポイントあるとします。そこで太郎くんにお小遣いを1000円あげると、喜びにより感情ポイントが4ポイントアップし、合計104ポイントとなりました。

次は、太郎くんから1000円を取り上げてみます。104ポイントの太郎くんから1000円を奪ってみると、悲しみにより感情は10ポイント減り、太郎くんの感情は合計94ポイントになりました。

……なんかおかしいですよね？　1000円をあげて1000円を取り上げた、つまり太郎くんの所持金は結果的になにも変わっていないのに、感情ポイントは始めの100ポイントから減って94ポイントになっている。

このアンバランスが、損失回避性なんです。同じ1000円という金額なのに、もらった時には4ポイントの喜び。でも、失った時には10ポイントの悲しみ。人の感情にはこういう性質があります。同じ価値の物を得た時よりも失った時のほうが、感情の揺れが大きい。このポイント差の通り、だいたい得の嬉しさと損の悲しみは**2倍から2・5倍の感情的な開き**があるといわれています。

だから、太郎くんに1000円をあげて取り上げて、1000円をあげて取り上げて、と繰り返し行っていれば、**1円もコストをかけずに太郎くんの感情ポイントを0にすることができます。**あわれ感情がご臨終を遂げた太郎くんはその日から、外部の刺激に一切反応することのない、生きる屍《しかばね》として人生を送っていくことになるのでした……。

まあでも、なんとなくわかる気はします。犬にだってこの損失回避性は当てはまるのではないでしょうか？　うちのムクの前にジャーキーを出して引っ込めて、出して引っ込めて、と繰り返しからかっていれば、そのうち**ガウワウワウッ!!!とぶち切れて全力で噛みまくられる**ことが容易に想像できます。

フラれた男(女)がストーカー化するのもその原理でしょう。本来「つき合って別れた」だけなら振り出しに戻っただけなので、感情的にはプラスマイナスゼロのはずです。でも実際はそこに損失回避性が働くので、現実の感情ポイントは好きな女の子とつき合えたことで20000ポイント上昇、**フラれて50000ポイント墜落**なんです。そして地の底の果てまで落ち込んだ男は、地獄の亡者となって奈落から生者を引き込もうと手を伸ばすのですよ……。

だから、ストーカー気質を感じさせる男性(女性)がいたら、**最初から1ポイントも喜ばせてはいけない。**後に冥界から足を引っ張られることを避けたかったら、それを肝に銘じなければいけません。1ポイントも喜ばせないか、**一生喜ばせ続ける覚悟をするか。**2つにひとつです。

「大事な物を勝手に捨てられた」事変がなぜ起こるかも、これで説明できますね。憎しみ合っている夫婦ならいざ知らず、善良なお母さんでもつい子どもの大事なマンガやぬいぐるみを捨ててトラウマを植えつけてしまうのは、**お母さんが思っているマンガの価値と、子どもが思っているマンガの価値に2・5倍の開きがあるから**です。

親としては「まあ捨ててもギリギリ大丈夫なんじゃないかな？ 泣くほどじゃないだろう」と判断して処分するそのマンガ、持ち主である子どもは捨てられることで**「『ギリギリ大丈夫』の2・5倍のダメージ」**を受けるんです。それはつまり、**全然大丈夫じゃない**ということ。「安心しろ、殺しはしねえぜっ！」と宣言してヒーローにギリギリ致命傷に至らない拷問を加えようとした悪党が、**手が滑って予定の2・5倍激しい拷問を加えてしまう**ようなものです。そりゃあ相手は再起不能になります。

そこを補うのは、やっぱり想像力だと思うんですよね。自分から見ればたいした価値がなく感じる対象にも、「もしかしたら私が○○を好きなのと同じくらい、あの子は××のことが好きなのかもしれないな」と相手の感情に寄り添って想像することができれば、価値観の開きは埋められるはずなんです。そうなれば大事な人が大事にしている物を捨てるなんてことは、決してできなくなるはずです。

さて。ここまで損失回避性について書いてきたつもりなんですが、気づいたらほとんど保有効果も一緒に説明していました。

保有効果というのは、私たちはある物……物だけでなく地位や能力や状態なども含めて、**それを自分が所有していると、所有していない場合に比べてずっと高い価値があると思い込む性質**です。

これはわかりますよね。損失回避性により、持っている物を失うことは、同じ物を手に入れるよりもずっと損に感じます。それが高じて、**失う予定があるかどうかは置いておいても、持っている時からその価値を本来よりずっと高く感じてしまう**ということです。

まあなにかを持っている時点で、それを失う可能性はずっとついて回るものです。だから保有している物は本来より高く評価され、「これくらいの価値はあるはずだ」と考えて3000円でメルカリに出品した古着に全然買い手がつかない、むしろ値引き交渉されてムキーー頭に来る!!というような事態が発生するのです。

損失回避性&保有効果がなぜ生じるかについては、「原因はわかっていない」と書かれている本もあるんですが、勝手に考察すると心理学でいうところの「心理的リアクタンス」や「単純接触効果」が働いているからだと思います。人は命令されたら反発したくなる習性があるので、「くれ！」「捨てろ！」と言われればそこで生まれる反発心が価値評価に上乗せされる。また、人は顔を合わせる回数が多いほど相手に好意的な感情を抱くようになるので、所有している物も接触の分愛着が湧いて高い評価になるのでしょう。

なぜ生意気にも心理学の用語なんて小出しにできているかというと、私は心理学の入門書も書いているからです。浅く広く浅ましくいろんな方面に手を出している私ですが、浅く広い勉強は「忘れやすい」という欠点がある一方、「なんと！　これとあれが繋がっているのか！」みたいな教科をまたいだびっくりもあったりするので、悪いことばかりでもないんです。もし興味がございましたら、私の心理学の本もご覧いただけたら嬉しいです。

とそんな宣伝も挟みつつも、例えば「いくら金を積まれても、この土地は売れん！」と頑なになる地主さん、あるいは「うちの会社ブラックすぎる！　いい加減我慢も限界、絶対今年中に辞めてやるからな‼」という**同じ愚痴を5年くらいずっと言い続けている人**、あるいは周りはみんな「おまえの日常マジ興味ないんだよ！」と思っているのにＳＮＳに食べたごはんや旅行の思い出を投稿しまくらずにいられない人、などなどみなさん各々、保有効果を受けて自分の所有物やポジションや体験を周りが思うよりずっと高く評価してしまっての言動だと思われます。

犬にだって保有効果は当てはまるのではないでしょうか？

うちのムクは、誰もいない時に近くにおもちゃのボールが転がっていても見向きもせず、放置状態です。でも私が出て行ってそのボールを放り投げ、ひとたびムクがそれを口で捕らえたならば、その後は絶対に離そうとしません。私が「ボールちょうだーい」と言ってそーっと手を伸ばすと、いきなり**ガルルルルルルルッ!!!**と無礼にも威嚇してくる始末です。さっきまで見向きもしてなかったくせに!!

そのような凶暴なムクも、私が立ち去るとすぐボールを離して再び芝生でゴロゴロし始めます。でもそこにまた私が**「イ〜〜〜ッヒヒヒッ！　ボールもらっちゃうぞ〜〜！　ちょうだいちょうだい〜〜大事なボールちょうだい〜〜〜イヒヒヒヒ〜〜〜ッ!!」**と童話に出てくる魔女のようなわかりやすい悪者感で迫っていくと、またムクはダッシュでボールを咥えて**ガルルルルルルルッ!!!**と抑止力を誇示し出すのです。

この時、私が「ボールをもらうにはこれくらい出してもいい」と思う評価と、ムクが「これくらいもらったらボールを渡していい」と思う評価の開きは、2・5倍どころではないと思われます。私はせいぜいビタワン3粒分くらいと評価していますが、ムク側は骨つき牛肉くらい要求してくるのではないでしょうか。

この損失回避性&保有効果も、理論をわかってかわからずかいずれにしても商売に活用されているケースは多々あります。

発展途上国ではバスに乗っていると物売りが勝手に乗客全員に商品を配り、それから前方で高らかに売り込みの口上を述べ、その後でいらない人からだけ商品を回収する、という手法をたびたび見かけます。保有効果は短時間だけの保有でも発揮されるので、一度お客さんに持たせてしまうことで商品に対する評価を上げようとしているんですね。

これ、発展形を日本でもよく見かけます。なんだと思いますかみなさん？　**月額サービスの1ヶ月無料です**（答えを言うのが早い）。

動画配信サービスとか読み放題、聴き放題プラン、そういうのを「あんまり興味ないけど無料の期間だけ入ってみるか」とお試しすると、お客さんは一度保有したことによって解約時に**入会時の2・5倍の離れがたさ**を感じることになります。もともと興味が0ならあっさり解約できますが、なにせお試しするくらいですからお客さんには少なくとも1ポイント程度の興味はあり、よってお試し加入はそれを2・5倍に膨らませ有料会員化の可能性を広げるうまい戦術なのです。

私は、恋の痛手から立ち直るための考え方として、損失回避性と保有効果が使えるんじゃないかと思っています。

失恋……あるいは離婚でも同じだと思います。まあ自分にも経験あるんですけどぉ、別れた恋人、奥さん、旦那さん、……を何年も忘れられず引きずっている人いるじゃないですか。フラれたのが悲しくて悲しくてしょうがない、あの人より素敵な人になんてもう一生出会える気がしない、自分はもう絶望の中で闇を手探りしながら生きていくしかないんだ。と、落ち込んでいる人たち。

みなさん、はっきり言いましょう。その悲しみは、**損失回避性により2・5倍に膨らんだ悲しみです。**元の彼女、彼氏、配偶者、あなたはそれを一時保有してしまったことで、**その価値を本来より2・5倍も高く見積もってしまっているんです。**「あの人より素敵な人になんてもう一生出会える気がしない！」っていう、**「あの人」の本当の価値はあなたのイメージの2・5分の1しかありません。**これ本当。失ったから価値を高く感じているだけ。

ってことは、あの人くらいの水準の相手には、今後いくらでも出会えるということなんです。効果つき・エフェクトつきの思い出のあの人と、現実の人々を比べてはいけません。前々章を思い出してください。あなたは「エフェクトつきの思い出の恋人」という**高いほうのおとり**を作り出してしまい、ゆえに価値の相対性により現実の異性がみすぼらしく見えてしまっているのです。そこはちゃんと偶像のエフェクトを2・5分の1に戻し、本来の恋人の実力を冷静に評価し直してやらなければいけません。**そうすると、そんなにたいしたことないやつだって気づきますから。あなたの別れたあの人は。**

では行動経済学は、ここまでです！

25

# 消費と節約

しもしも〜？　ジャンボ尾崎？　無駄遣いしてるー？

私が経済の勉強を進める中で、「ああ今まで自分はこう思ってたけど、実際は全然違うんだなあ」と気づかされたことがたくさんあります。僭越《せんえつ》ですがこの最終章では、そのたくさんの中で私が「そうだよなあ感」と「大事だよなあ感」を合計で一番大きく感じたものについて、書かせていただこうと思います。

そのトピックは、「買い物と節約」です。サービスにお金を払うことも含めて「消費と節約」と言うほうが適切かもしれません。

長らく、私は、質素倹約は正しい行為だと思っていたんですよ。

子どもの頃から無駄遣いはダメだダメだ貯金しろ貯金しろと教えられ、学校の教科書では偉人のエピソード……例えば「足尾鉱毒事件の解決に生涯を捧げた田中正造は、袋ひとつに収まる財産しか持っていなかった」のように聖者はいかに清貧な人物であったかが強調され、大人になって21世紀の現代でもロハスだミニマリストだと、物に執着しない生活の素晴らしさが語られています。

それらひとつひとつの項目は、別に間違っていないんですよ。子どもが将来放蕩者にならないように、無駄遣いはやめなさい偉い人はこうだったんだよと、教え聞かせることは大切です。自然環境に優しく生きようというロハスな信条も素敵です。ミニマリストの方々だってただ「物はいらない」と言っているだけではなく、「自分にとって本当に必要な物はなにかを考えながら生きる」という方向性の人であれば納得感があります。

私が問題だと思うのは、そういう昔からの教育や周りの風潮につられて、あたかも**「物を買うことそのものが愚かな行為である」「とにかく節約は無条件で美徳である」**と、極端な方向に思考が引っ張られてしまっている人がいることです。

「無駄遣いはダメだよ」とか「本当に必要な物はなに？」という説教・問いかけというのは、決して「新製品買うの禁止」「貯金の額が一番多いやつがチャンピオン」じゃないんですよ。でも割と多くの人がそこを曲解し、「無駄遣いはダメ」→「お金は使っちゃダメ」→

「**お金を使うのは悪、貯金は善**」というように、伝言ゲーム的に思考がずれていってしまっているんです。

それって、そのまんまデフレマインドなんですよ。

私が参考書籍を読んでいて、はっとさせられた言葉があります。それが、**「日本人は世界の人の中で一番お金を持ったまま死ぬ」**。

あちゃー！　っていう気持ちになりませんか？

お金って、あくまで「欲しい物を得るための道具」なんですよね。まあ、中には紙幣自体に価値を感じる人だっているかもしれないですよ？　夜な夜な5000円札を眺めながら「一葉たん……今日もかわいいいいんっ……今夜も一緒に寝ようねぇハァ……ハァ……」と萌えている**樋口一葉推しのヲタ**だっているかもしれません。そういう人にとっては紙幣がブロマイド感覚かもしれませんがそれでも1枚あれば十分でしょう。なんならコピーすればいいんだし(ダメです)。

しかし、大半の人がお金を好きなのは、「好きなものと交換できるからお金が好き」なはずです。お金が大好きでたんまり貯め込んでいるという人も、ある日突然「お金は廃止です。みなさんの持っているお金では今日から食べ物も洋服も電化製品も握手券もなにも買えません」と国から通告されたなら、**「なんじゃこの役立たずの紙の束はっ!!　おまえなん**

**て燃えて消えやがれこのゴミめっ!! ビリビリビリッ!!!」**と手の平を返したように紙幣に辛く当たるのではないでしょうか？ 結局「お金が好きな人」が好きなのは、お金ではなく「お金で買えるなにか」なんです。

だとしたら、お金……使わなきゃ意味なくないですか？ 使うために存在するんですお金は。質素倹約が必要な場面もあるでしょうが、当面生活するには不自由しない見込みがある状態で、それでも「無駄遣いはダメよ」の幻影にとらわれて倹約生活をするのは、自分たちの首を絞める行為になります。なにしろお金は「経済の血液」であり、しっかり循環させなければ市場は死んでしまうんです。ケインズが「山にお金を埋めて人々に掘り出させるだけでも景気対策になる（意訳）」と言ったように、お金は動かしてなんぼなんです。みんながお金を使うから、そのお金がたくさんの人に行き渡ってみんなの生活が支えられるんです。

鎌倉時代に、青砥藤綱《あおとふじつな》という武士がいました。彼はある夜10文の銭を川に落としてしまったのですが、するとわざわざ50文の松明《たいまつ》を買ってきて、川を照らして落とした銭を探したそうです。なぜそんなもったいないことをするのかとの問いに、彼は「10文を取り返せばその10文は市場に復帰できる。それに松明を買った50文もまた、世の中に流れることで人の役に立つだろう」と答えたそうです。これはほぼケインズと同じ、財政出動の考え方です。

そんな鎌倉時代の青砥さんに対して、現代の人々が衣食足りてなお「節約大事。貯金が一番」とお金を回すことなくセコセコと暮らしているとしたら、それはデフレ不景気当たり前、長い目で見てほとんど経済的な自殺行為であると言えます。

ですから「無駄遣いはダメよ」「偉い人はみんな質素なのよ」という教育もいいんですが、それで子どもを変な方向（セコければセコいほど正しいんだよという方向）に洗脳してしまうことを避けるため、次の段階では「お金は経済の血液である」という基本や、一生懸命節約して貯めたお金を本当に欲しい物に注ぎ込む喜び、みたいなことも教えたらいいんじゃないかなあと思うんです。10円20円を笑ってはいけないが、10円20円を極端に気にするような生活は、人の心を荒《すさ》ませます。楽しく生きられません。友達もいなくなるし、経済も壊します。

今すでに大人の人たちも、自分がなんとなく「質素倹約は大事なのだ」と考えているその質素倹約が、果たしてよいほうの質素倹約なのか、それとも悪いほうの質素倹約なのか、今一度見つめ直してみることが大事なのではないかと思います。この質素倹約、よいのか、それとも悪いのか？　よいのか悪いのか、**どっちなんだいっっ!!!(なかやまきんに君ふう)**

……と。

……で、この話に関連して、もうひとつ引っかかっていることがあるんです。

「新しい物にすぐ飛びつく人を見下す空気」って、なんかありませんか？

少し前に、それを象徴するような意見をＴｗｉｔｔｅｒで見かけました。

ちょうど新しいｉＰｈｏｎｅが発表されたタイミングでの投稿で、発言者は「ＩＴコンサルタント」という肩書きの方だったと記憶しています。割とフォロワーも多く若者に影響力のありそうなおじさまでした。

そのおじさまが、「ろくに機能も変わらない新型ｉＰｈｏｎｅに10万も出すくらいなら、その金で旅行に行ったりサーフィン始めたり、もっと有意義なことしようぜ！」と、世間に呼びかけていたんです。拡散に次ぐ拡散を経て、いつしか私の画面にもその呟きが流れてきました。

この投稿、「新製品に無闇に飛びつくなんて、バカげてるぜ」という主張が入っているのはわかりますよね？「（あまり機能の変わっていない）新製品に」かもしれませんが。

これに限らず、「新しい物に踊らされる庶民、愚かよなあ……」という趣旨の書き込み＆意見はあちこちでよく見かけます。

私、この趣旨にまったく賛同できないんですよ。

たしかに、新型の工業製品って、もう今さらその前の型とあんまり変わらないですよね。

スマホならカメラが少しだけよくなったとか、電池の持ちが何十分延びたとかなんとか認証機能の精度が上がったとか、変わることなんてちょっとしかないです。せいぜい90点の製品が新型で93点になるくらいの微々たる変化ですよ。そのたった3点のために10万円も払うやつはなにも考えていないアホだ、と笑いたくなる気持ち、わからないではないです。

でも、そこで考えてほしいことがあります。

仮にスマホが一番最初に発売された時の、第1バージョンをAとし、最新のバージョンをZとしましょう。

ひとつ前のバージョンYから最新のバージョンZへの進化、これは90点から93点へたった3点変わっただけかもしれません。でも、AからZへの進化は、長い年月を経て53点から93点へ、40点くらいはきっと増えていますよね？ 40点の変化となればその高機能化はかなりのもの、まだ初期バージョンを使っている人や、そもそもスマホを持っていない人からすれば最新のZスマホは革命的な製品でしょう。

そして、重要なことは、**最新のバージョンZが今日できているのは、途中途中のバージョンを「少しの進化だとしても新しいのが欲しい」と無闇に飛びついて買ってきた人たちがいたからなんです。**

もっと遡って家の固定電話から考えてみましょう。固定電話は「点数が10点の電話」だとします。

まだ世の中に固定電話しかなかったある時、ある会社が、初めての携帯電話を作りました。最初の携帯電話はなにしろ巨大です。女性お笑い芸人さんが**「しもしも〜？　北別府？」**などとやっている、肩から提げるショルダーバッグサイズの電話。

あの製品が登場した時も、おそらく世間には「おいおい、あんなデカい機械背負ってまで電話したいかね？　ちょっと探せば公衆電話ってもんがあるんだぜ日本にはｗｗｗ　あんなの買うやつの気が知れんわ（笑）!!」という空気感があったはずです。点数にしてみれば10点が13点になったくらいのものですよ。その程度しか進化してないデカ電話を、大金を投入して買うなんてバカげています。

でも、**あれを買う人がいなかったら、そこで進化は止まっていたんですよ。**誰もデカ電話なんて買わない、ああやっぱり電話というのは固定電話と公衆電話のセットで完成品なのだなあ、もう予算はない、開発は中止しよう……と、そこで携帯電話の歴史は幕を閉じていたはずなんです。

だけど実際は「おっ、なんだ？　新しい電話!?　面白そうじゃねーか。最新の機械持ってればおネエちゃんにモテるかもしれねーな。おいダンカン、あれ買ってこい！」と（動機はもちろんいろいろです）、飛びついて買う人がいた。**そのおかげで、次の3点の進化の可**

**能性が生まれたんです。**

それが今日まで続いているんです。ちょっとだけサイズが小さくなるたびに「前のと2センチしか変わってねえしｗｗｗ　こんなもん買うくらいなら旅行行ったりサーフィン始めたほうがずっと有意義だぜ（爆）！」という嘲笑の言葉が浴びせられたがそれに流されず買うお客さんがいた。私だって笑う側でしたよ。初めてカメラつきのガラケーが発売された時のことはよく覚えています。「ちょっ、こんな小さい写真しか撮れないの（笑）!?　意味ねーこんなしょぼカメラｗｗｗ　今時みんなデジカメくらい持ってんだし写真はデジカメで撮ればいいし（爆）!!」と、私も新製品のしょぼカメラつきガラケーをニヤニヤと見下していました。

でも、あれを無闇に買う人がいたから、今のスマホがあります。旅行よりサーフィンよりしょぼカメラつき携帯に魅力を感じる人がそれを買って支えたから、ディズニーランドで友達と一緒に踊っているところを動画に撮ってコントラストを調整してヒゲと猫耳とBGMとメッセージをつけてスマホで投稿して全世界に発信できる時代、が時を経てやって来たんです。

それはスマホのバージョンHやPやUも同じです。ひとバージョンの変化は乏しくても、最新機種に目がない人たちがそれにお金を払ったから、バージョンZに到達できたんです。

先のコンサルタントのおじさまは、明らかにスマホを持っているんですよ。なにせIT系のおじさまですよ？　最新でなくともそれなりに新しい機種を持っているはずです。そして自分もそれなりに新しいスマホを持っている人が、「最新のスマホ、たいしたことねえなあ！　そんなの買うより、もっと有意義なことに金使おうぜ（笑）！」と世間に呼びかけている。私にはその行為が、**風俗店でサービスを受けながら「キミねえ、こんないかがわしい店で働いてるんじゃないよ」と説教するおじさん**に見えてなりません。自分もたっぷり恩恵を受けている対象に対して、なんで上から目線で笑うことができるのか。

物やサービスの変化なんて、たいていそんなものですよ。ごく稀に画期的な発明もあるでしょうが、ほとんどは虫メガネで見なければ気づかないようなわずかな進歩、その積み重ねなんです。あらゆる製品はそうだし、生物の進化ですらそうです。その途中のどこかを「たいしたことねえなあ！」と止めてしまったら、人の生活はまだ原始時代のまま……どころか、人に進化できずに**いまだに単細胞生物として暮らしている**のではないでしょうか我々は。人間だって地球の生んだ製品として、たいしたことねえ進化を40億年積み重ねてやっと人間にまでなれたのですから。

しかも、この先もあるんですからね。みんなが「新しいスマホを買うのをやめる」ことは、未来に作られるはずの**完全同時通訳機能と透視機能とタイムトラベルカメラ機能とレー**

**ザー護身機能つきスマホ**の芽を今の時点で摘んでしまう行為なのかもしれないんです。

なぜだかわからないけど、人はおじさんになるにつれ、価値観の多様性を認められなくなるんです。

「新しいスマホを買うより旅行やサーフィンのほうが有意義」、それは間違いではないと思いますよ。だって、**その人にとってはそう**なんでしょうから。

しかし、人の営みにおいて「この趣味は有意義、この趣味は無駄」と普遍的な序列をつけることなんて絶対にできません。だってなにが楽しいかは、その人次第なんですから。サーフィンのために生きている人だっているでしょう、でも一方で、新しいスマホを持つことこそに無上の喜びを感じる人もいる。毎日のコーヒー代を節約すれば海外旅行に行けるかもしれませんが、海外旅行なんか行かずに毎日コーヒーを飲むほうが人生が充実するという人だっているんです。それを「なんでそんな無駄なことしてるんだ！　そんなことやめて、俺と同じこれとあれをしろよ！」と自分の価値観を押しつけるようになったら、それはもう老害です。「他人の世界」を見る視力を失ってしまっています。

ともかく。**必要以上に消費に罪悪感を持つ必要はないんです。**

それを私は強く主張したい。

もしもみんなが旅行のために買い物を控えるようになったら、そんな国の経済は弱くなるので国民は旅行になんて行けません。物がよく売れるからこそ日本経済は強くなり、私たち日本人は海外旅行にも気軽に行けるようになったんです。新製品を笑うということは、日本の経済成長の歴史を笑うことではないかと私は思います。

金は天下の回りもの。クリスマスの、プレゼント交換と一緒ですよ。**自分が回さなければ、自分にも回ってこないんです。**「なんでそんな物買うんだ！　くだらない！」と怒っているおじさんマインド……姿を変えたデフレマインドを、みんなで一緒に吹き飛ばしてやりましょう。

さあ、買い物に出かけましょう。

# あとがき

今まで書いた初心者向けの本、どのジャンルも漏れなく大変だったんですけど、経済は特に「本物はどれだクイズ」を乗り越えなければならないという、謎の苦しみがありました。

学校での勉強なら先生という絶対的な存在がありますが、私は主に経済学の書籍、そしてニュース記事やテレビやラジオやインターネットや知り合いの詳しい人たち、という多チャンネルが教材でしたので、すると「これとあれとで言ってることが全然違う」という厄介事に遭遇するんです。

例えば「GDP問題（命名：私）」というのがありました。

GDPというのは、「一定期間にその国が生み出した付加価値の合計」なんです。そして「付加価値」はなにかというと、「製品の価格から原材料費を引いた金額」です。となると、「人件費」は付加価値に含まれることになります。労働力は原料や材料とは違いますからね。

ところが、ある経済評論家の先生による経済の入門書には、「付加価値は、製品の価格から原材料費や人件費などの経費を引いたもの」と書かれています。つまり、人件費がどこに入るかの説明が、あっちの本とこっちの本でまったく違っているんです。

そうかと思えば、また別の本では「GDPは、国内で販売されたすべての商品の値段の合計」だと説明されていました。この説明では、商品価格から原材料費すら引かれていません(中間財と最終財の説明もなし)。

これがそれぞれ素人さんのブログなら、「あれ、人によって全然説明が違うなあ。正解はどれなのか、本で確認してみよう!」となるのですが、しかし現実には、正解を確認するための専門家が書いた本ですら三者三様なんです。

こうなると「本物はどれだクイズ」なんですよ。しかも難易度めちゃ高い。正解の確認方法すらわからないんですから。

そこでひたすら考えます。仮に付加価値に人件費が含まれないとしたら、GDPはかなり小さな数字になってしまわないだろうか? 国税庁のサイトである年の日本人の平均給与を調べてみると、だいたい420万円くらい。一方、同じ年の日本の一人当たりGDPはおよそ3万8000ドル。

商品の値段なんて原材料費以外は大部分が人件費だろうから、平均給与と一人当たりGDPの数字が近いということは、やはり付加価値には人件費が含まれるのではないか?

また、その後の「GDPは、国内で販売されたすべての商品の値段の合計」という説明が正しいとすると、逆にGDPは大きくなりすぎないだろうか？　原材料費を引かないならば、石ころに1万円の値段をつけてAさんとBさんの間で売買を繰り返せば、それだけでGDPが無限に増えていってしまうではないか。そんな指標はなんの参考にもならなそうである。

と、そこまで考えたら多数決を取ります。同じトピックの説明がある本や記事や有識者の発言を集めて、ああやっぱりGDPは製品価格から原材料費を引いた付加価値の合計で、付加価値には人件費が含まれる、という説明が一番多いな。よし、これは間違いないだろう。やっと正解がわかったぞ！

というところでようやく、自分が引き出しに入れてよい知識、原稿に書いてよい情報が決められます。ただ、違う説明をしている先生も、間違えているわけではなく「その先生の解釈での正しい説明」を書いてらっしゃるそうなので、「正解がわかった」というよりは「より一般的な解がわかった」くらいに言っておいた方が無難かもしれませんが……。

ともかく同じような「本物はどれだクイズ」はいくつもあり、もう私は、疲れましたよ。頭が。

私の場合はそれに加えて「勉強した内容をどんなことで例えられるか」を考え、その「どんなこと」の勉強もします。

この本に関しては、もともと経験として持っていた海外放浪やテレビゲームの知識に加えて、「経済学をアイドルと絡めてみたら面白くなるんじゃないだろうか？」と思い立ち、並行してそちらの勉強も始めました。アイドルの書籍やＤＶＤを買い込んで、劇場やコンサートに通ってみたり、時には地下アイドルとチェキを撮ってみたり……。

今ではもう、ＡＫＢ48の16期生18人のフルネームとニックネームをすべて暗唱できるようになっています。例え話というのは、説得力を持たせようと思ったら知らないことを表面的にちょろちょろっと書いてもダメで、「細かく描く」ことが重要なんですよね。そしてなにかを細かく描くためには、その対象を知識としてそれなりに深く掘り下げておかなければいけません。

結局私がなにが言いたいかというと、簡単なことしか書いていないように見えて、この1冊を作るために裏ではなかなか膨大な準備とがんばりがあったんですよ、ということです。それを私はわかってほしかった。保有効果で自分の苦労には人の2・5倍の価値を感じているので、ぜひ最後にアピールしておきたかったんです。

私が「入門書の入門書」というスタンスで書いた著作は、この本で5冊目となります。これまでのテーマは、科学、心理学、21世紀の世界のニュース、哲学、そして経済。それぞれ勉強してみて思ったのは、「とっつきにくいけど知ってみると面白い」というのはどのジャンルも共通しているんだなということです。どの学問も、うまくやれば娯楽になり得るんだなあと。アリストテレスいわく、「人は生まれながらにして知ることを欲す」ですから。

最後に宣伝で恐縮ですが、もし私の文章に読む価値を感じてくださいましたら、ぜひ他の本もご覧いただけたら嬉しいです。

最後までお読みくださり、ありがとうございました。

[著者]
**さくら剛**（さくら・つよし）
1976年静岡県浜松市生まれの作家。
デビュー作の『インドなんて二度と行くか!ボケ!!…でもまた行きたいかも』（アルファポリス）がいきなり10万部を超えるベストセラーになる。以降、『中国なんて二度と行くかボケ！……でもまた行きたいかも。』『三国志男』（幻冬舎）、『（推定3000歳の）ゾンビの哲学に救われた僕（底辺）は、クソッタレな世界をもう一度、生きることにした。』（ライツ社）など著作多数。科学の世界を解説した『感じる科学』（サンクチュアリ出版）は、理研創立100周年を記念した「科学道100冊」に選ばれるなど高い評価を得ている。
Podcast番組「さくら通信」は５万人を超えるリスナーを集める。

**経済学なんて教科書だけでわかるか！ボケ!!**
**…でも本当は知りたいかも。**

---

2019年２月27日　第１刷発行
2019年３月15日　第２刷発行

著　者――さくら剛
発行所――ダイヤモンド社
〒150-8409　東京都渋谷区神宮前6-12-17
http://www.diamond.co.jp/
電話／03･5778･7232（編集）　03･5778･7240（販売）

装丁・本文デザイン―山田知子
イラスト――伊藤カヅヒロ
DTP―――桜井淳
校正―――三森由紀子
製作進行――ダイヤモンド・グラフィック社
印刷―――八光印刷（本文）・加藤文明社（カバー）
製本―――本間製本
編集担当――木下翔陽

---


ISBN 978-4-478-10653-2